: 메이커 다은쌤의 :

TINKER CAD

시작하기 × 더 알아보기 × 응용하기

2ND EDITION

: 메이커 다은쌤의 :

TINKERCAD
시작하기 × 더 알아보기 × 응용하기
2ND EDITION

ISBN 978-89-314-6134-3

* 이 책의 사진은 Autodesk사의 Tinkercad 화면을 캡쳐하였습니다.

독자님의 의견을 받습니다.

이 책을 구입한 독자님은 영진닷컴의 가장 중요한 비평가이자 조언가입니다. 저희 책의 장점과 문제점이 무엇인지, 어떤 책이 출판되기를 바라는지, 책을 더욱 알차게 꾸밀 수 있는 아이디어가 있으면 팩스나 이메일, 또는 우편으로 연락주시기 바랍니다. 의견을 주실 때에는 책 제목 및 독자님의 성함과 연락처(전화번호나 이메일)를 꼭 남겨 주시기 바랍니다. 독자님의 의견에 대해 바로 답변을 드리고, 또 독자님의 의견을 다음 책에 충분히 반영하도록 늘 노력하겠습니다.

주 소 : (우)08507 서울특별시 금천구 가산디지털1로 128 STX-V 타워 4층 401호
이메일 : support@youngjin.com
※ 파본이나 잘못된 도서는 구입처에서 교환 및 환불해드립니다.

STAFF
저자 전다은 | **총괄** 김태경 | **진행** 정소현 | **표지디자인** 박지은 | **본문디자인·편집** 김소연
영업 박준용, 임용수 | **마케팅** 이승희, 김근주, 조민영, 김예진, 채승희, 김민지 | **제작** 황장협 | **인쇄** SJ P&B

: 메이커 다은쌤의 :

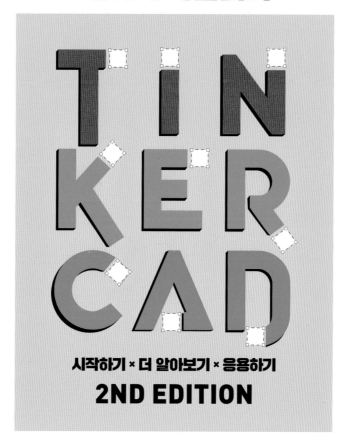

시작하기 × 더 알아보기 × 응용하기

2ND EDITION

이 책의 머리말

3D 모델링은 입체적인 3차원 형상의 데이터를 컴퓨터를 활용하여 만드는 과정을 말한다. 원하는 형상의 3D 모델 파일을 만들기 위해서는 CAD 프로그램을 사용할 줄 알아야 한다. CAD (Computer-Aided Design)는 컴퓨터를 이용하여 설계하는 것을 부르는 말로 오래전부터 건축, 제품, 자동차, 게임, 영화 산업 등에서 사용되어 왔다.

다은쌤이 대학교에서 3D 모델링을 배울 때만 해도 대부분이 비싼 유료 프로그램이었고, 배우고 사용하는데도 꽤 많은 시간과 연습을 필요로 했었다. 하지만 근래에 들어와 인터넷의 발전과 오픈소스의 확장으로 무료로 공개되어 사용할 수 있는 CAD 프로그램들이 많이 생겨났다. 더하여 이전에 복잡했던 프로그램의 사용성도 직관적이고 쉬워지고 있다. 대표적으로 무료 3D 모델링 프로그램에는 Tinkercad, Sketchup, Openscad, Blender 등이 있다.

Tinkercad가 3D 모델링 프로그램 중에서 가장 좋은 프로그램이라고 말할 수는 없다. 단, 모델링을 처음 배우는 사람이라면 다은쌤은 가장 먼저 Tinkercad를 추천한다. 컴퓨터의 그림판 프로그램처럼 직관적으로 모델링 작업을 할 수 있고 사용이 쉬워 처음 모델링을 배우는 사람들이 금방 배울 수 있기 때문이다. 이전에는 3D 모델링을 작업하기 위해서 성능 좋은 컴퓨터가 요구됐었다. 하지만 Tinkercad는 컴퓨터에 프로그램 설치 없이 웹에서 접속하여 작업하는 모델링 프로그램이다. 컴퓨터의 사양에 상관없이 인터넷이 되는 컴퓨터라면 어디서든 재접속하여 3D 모델링 작업을 이어서 할 수 있는 강점을 가졌다.

다은쌤에게 틴커캐드는 내 생각을 표현할 수 있는 도구이면서, 만들기 취미 생활을 이어가는 즐거운 프로그램이다. 이 책을 읽어본 여러분들도 틴커캐드로 무엇인가 만드는 즐거움을 느끼길 바란다.

메이커 다은쌤:ㄱ

이 책과 함께 동영상 활용하기

1 **틴커캐드 – 시작하기, 더 알아보기, 응용하기**

틴커캐드를 가입하고 시작해보자.

3D모델링을 만드는 기본적인 방법과 응용하는 방법이, 이 책의 순서와 동일하게 구성되어 있다. 책에서 이해하지 못한 부분을 영상을 통해 확인해보자.

https://bit.ly/TINKERCAD2019

메이커 다은쌤의 틴커캐드
2nd Edition

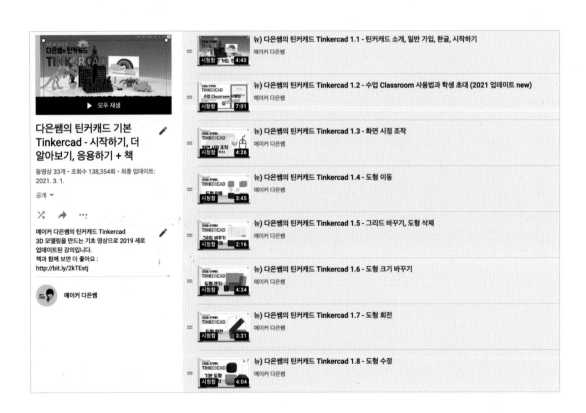

2. 틴커캐드 - 3D모델링과 3D 프린팅

틴커캐드에서 만든 3D모델링을 손으로 만질 수 있는 3D프린터로 출력해보자.

브림, 서포트, 외벽 크게 3가지 주제로 10가지 작품을 모델링해본다. 더하여 실패없이 출력하기 위한 저자의 노하우를 책과 영상에서 확인해보자.

https://bit.ly/TINKERCAD2020

메이커 다은쌤의
3D 프린팅을 위한 틴커캐드

3 틴커캐드 – 다양한 응용과 만들기

책에 소개되지 않은 더 많은 모델링 영상이 있다. 다은쌤이 틴커캐드로 만든 다양한 작품을 볼 수 있다. 매번 새로운 영상이 추가되는 목록이다.

처음부터 영상을 보고 따라하기보다는, 자신만의 디자인으로 응용해보자.

https://bit.ly/2LZfpRA

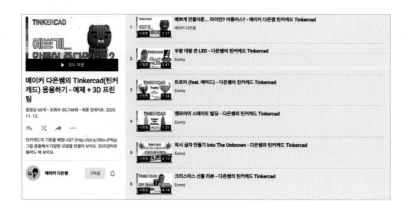

4 틴커캐드 – 집 모델링

틴커캐드로 집을 모델링해본다. 영상 속에 소개되는 집은 모양과 사용하는 기능에 따라 난이도가 함께 표시되어 있다. 내가 살고 싶은 집을 직접 모델링해보자.

https://bit.ly/2TOlKUa

5 틴커캐드 – 스타워즈 모델링

스타워즈에 등장하는 캐릭터와 아이템들을 단순화하여 틴커캐드로 모델링 해본다.

자신이 원하는 캐릭터나 아이템을 직접 모델링해보자.

https://bit.ly/2GUi7EJ

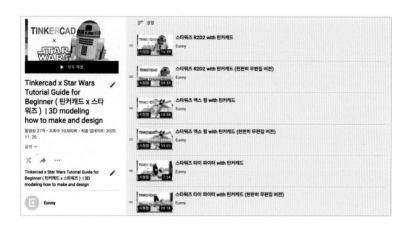

6 틴커캐드 – 자동차 모델링

틴커캐드로 자동차를 모델링해본다. 자동차 모양에 따라 어떤 기능을 어떻게 활용했는지 알아본다.

미래에 상상하는 운송수단을 직접 디자인해보자.

https://bit.ly/2Wy4b7V

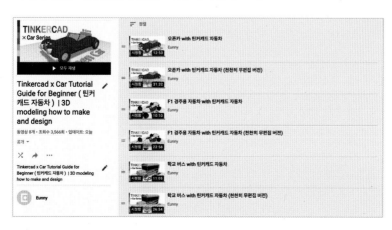

단축키 기능 정리

틴커캐드에서 자주 사용되는 단축키를 정리한다.

자주 사용하는 순으로 정리하며, 알고 있으면 모델링 작업이 수월해지지만 몰라도 지장은 없다.

🔆 도형 이동

도형을 X, Y축으로 이동   도형을 Z축으로 이동

🔆 SHIFT

| Shift | 도형 크기 같은 비율로 변경하기 / 45°씩 회전하기
클릭으로 여러 도형 선택하기 / 일직선상에 도형 움직이기 |

| Shift | + | Alt | 도형 중심 위치 고정하고
같은 비율로 크기 변경하기 |

🔆 그룹 만들기 / 해제

| Ctrl | + | G | | Ctrl | + | Shift | + | G |

그룹 만들기   그룹 해제

☀ CTRL

Ctrl	+	C

도형 복사하기

Ctrl	+	V

복사된 도형 붙이기

Ctrl	+	D

도형과 명령 복제하기

Ctrl	+	Y

명령 복구

Ctrl	+	Z

명령 취소(뒤로 가기)

Ctrl	+	A

모든 도형 선택하기

☀ 단일키

W 작업 평면 만들기

F 화면 시점 맞추기

H 도형을 구멍 도형으로 만들기

R 눈금자 불러오기

D 도형을 작업 평면에 붙이기

S 구멍 도형을 도형으로 만들기

L 정렬 기능 불러오기

M 반전 기능 불러오기

T 도형을 투명하게 보이기

이 책의 차례

PART
3 **응용하기**

시작하기

틴커캐드에 계정을 만들고 직접 3D 모델링을 시작해본다.
먼저 틴커캐드에서 사용되는 가장 기본적인 기능을 알아보자.

1 틴커캐드 (Tinkercad)

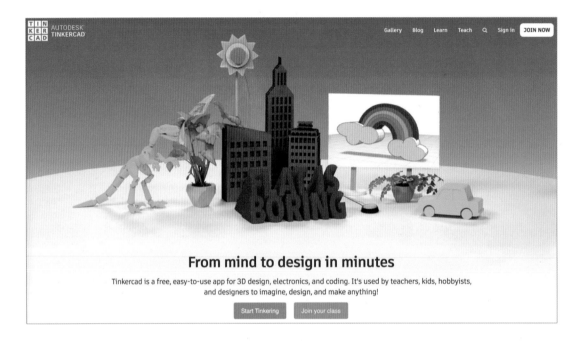

틴커캐드Tinkercad는 미국의 3D모델링 프로그램 전문 회사 오토데스크(Autodesk)사의 제품으로, 3D 디자인, 전자 회로 및 코딩을 위한 프로그램이다. 틴커캐드는 가입 하면 누구나 무료로 사용할 수 있는 프로그램이다. 메이커, 디자이너, 일반인 뿐만 아니라 사용이 쉽고 직관적이며, 교육용 프로그램으로도 사용이 늘고있다.

가장 특이한 점은 프로그램을 컴퓨터에 설치하지 않고 인터넷에 접속하여 웹에서 작업을 한다. 작업했던 파일은 클라우드 기반의 저장 공간에 자동 저장을 해준다. 그래서 인터넷이 되는 어느 컴퓨터에서는 접속하여 작업을 이어서 할 수 있는 장점을 가졌다.

아하!

이 책은 틴커캐드에서 3D 모델링을 하는 가장 기초적인 방법을 소개한다. 응용하기에 포함된 7개의 만들기도 3D 프린터로 출력 가능하다.

FDM 3D 프린팅 방식을 더 이해하고, 안정적인 출력물을 만들고 싶다면 **메이커 다은쌤의 3D 프린팅을 위한 틴커캐드**를 추천한다. 브림, 서포트, 외벽 크게 3가지 주제로 나눠져 양면 열쇠고리, 사슬, 우주 비행기, 미니 신전 등 10가지 작품을 만들고 출력하는 노하우를 소개한다. 역시 다은쌤이 직접 제작한 무료 동영상 강의도 함께 볼 수 있다.

🔷 구글 크롬에서 시작하기

틴커캐드는 설치하지 않고 웹에서 사용하는 프로그램이다. 인터넷 브라우저로는 인터넷 익스플로러, 크롬, 사파이, 파이어폭스 등 다양하다. 그 중 틴커캐드의 사용은 구글 크롬을 권장한다. 다운로드 오류나 언어 번역 오류가 가장 적고 안정적으로 작업할 수 있다.

Google Chrome

구글 크롬을 열어 주소창에 틴커캐드 주소를 입력해서 들어가보자.

www.tinkercad.com

🔷 틴커캐드 한국어로 사용하기

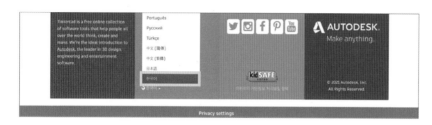

기본적인 틴커캐드는 영어로 표시된다. 한글로 표시된 틴커캐드를 사용하고 싶다면 화면의 가장 아래로 내려간다. 왼쪽 밑에 "English"를 "한국어"로 변경하면 한글로 표시된 틴커캐드를 사용한다.

한글로 나타난 틴커캐드를 확인한다.

바로 나타나지 않으면 "한국어"로 변경 후 창을 새로고침 한다.

2. 틴커캐드 가입하고 시작하기

틴커캐드를 무료로 사용하기 위해선 가입을 하고 계정을 만들어야 한다. 인터넷 가입법에 따라 어린이 회원(만 14세 미만)의 가입 경로가 다르듯이, 틴커캐드도 만 12세 미만(미국 나이 기준)의 어린이 회원가입 절차가 다르다. 따라서 나이에 따른 "개인 계정"과 어린이를 초대하는 "수업" 기능으로 나눠 설명한다.

개인 계정 생성 (14세 이상 일반인)

오른쪽 상단의 "지금 가입 (Join Now)"를 클릭하여 개인 계정을 만든다. 개인 계정을 만든 이후 "교사"계정으로 변경 할 수 있어, 개인 계정과 교사 계정은 크게 다르지 않다.

사용하는 구글, 애플, 마이크로소프트, 페이스북 계정으로도 로그인 가능하다.

구글 클라스룸을 통해 만들어진 학생의 구글 메일을 통해서는 나이에 상관없이 로그인하여 사용 가능하다.

자신이 사용하는 E-mail과 생년월일을 입력하고 계정을 만든다.

틴커캐드를 통해서 만든 계정은 오토데스크사 계정으로, 오토데스크사의 다른 프로그램을 사용할 때도 등록된 계정을 같이 사용한다.

🧊 개인 계정을 교사로 전환

14세 미만의 학생과 어린이를 틴커캐드로 초대하
기 위해서는 "교사" 개정으로 진행한다.
또는 일반인 계정으로 먼저 만들고 나서 나중에
교사 계정으로 바꿀 수 있다.

틴커캐드를 로그인하고 대시보드에서 오른쪽 상단
의 사람 아이콘을 눌러 프로파일에 들어간다.

'Tinkercad를 어떻게 사용하시겠습니까?'
라는 질문에 대답을 "교사"로 선택한다.
저장을 누른다.
로그아웃하고 다시 로그인 한다.

다시 로그인하고, 사람 아이콘을 누르면 "수업"이
라는 메뉴가 생겼다. 오른쪽 상단에 갤러리 옆에
도 "수업"이라는 메뉴가 생겼다. 두 "수업"은 같은
메뉴이다.

🎲 교사의 수업 만들기

"수업" 메뉴에 들어간다.

"새 수업 만들기"를 클릭하여 수업을 만들어보자.

수업을 만들면 틴커캐드의 계정이 없는 학생, 14세 미만의 어린이를 초대할 수 있다.

강의실의 이름을 작성한다.

학년과 주제는 꼭 선택하지 않아도 된다.

"수업 만들기"를 클릭한다.

만들어진 수업의 이름을 더블 클릭한다.

수업에 참여할 학생 계정을 위해 "학생 추가"를 클릭한다.

수업에 참여시킬 학생들의 이름을 적는다. 한국에서는 이름이 짧기 때문에 굳이 다른 별칭을 만들지 않고, 이름과 별칭을 같게 해도 된다. 학생들은 별칭을 입력해서 로그인하기 때문에 별칭과 이름이 같은 것이 기억하기에도 편하다.

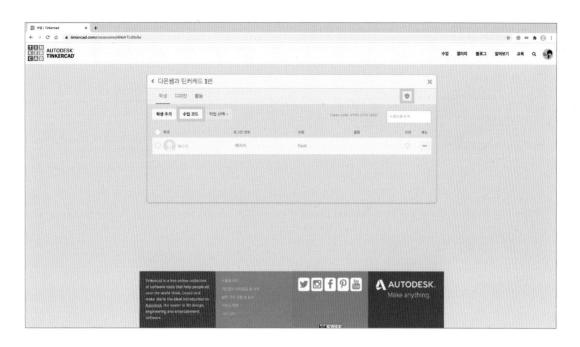

수업이 개설되었다. 수업은 다른 반과의 구분을 위해 여러 개를 개설 할 수도 있다. 개설된 수업의 "수업 코드"와 "별칭"을 학생에게 알려준다.

수업으로 개설된 아이디로 들어오면 기본적으로 틴커캐드의 공유 기능을 사용할 수 없다. 공유 기능을 사용하고 싶다면, 위쪽의 초록색 Safe 박스를 눌러 해제하면 된다.

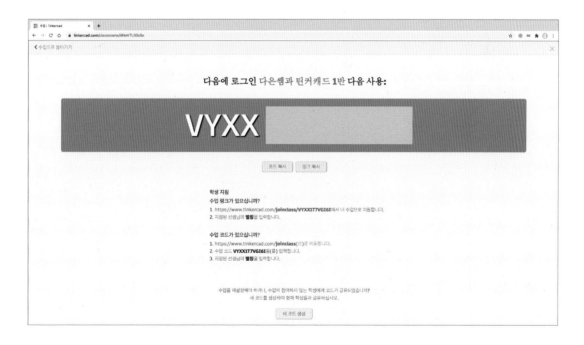

수업 코드를 클릭한다. 영문과 숫자가 섞인 12자리의 코드가 생성되었다. 수업에 참여하는 학생은 이 코드와 별칭으로 로그인한다.

🔷 학생의 개인 계정 추천 (14세 이상)

교사가 만든 수업의 계정이 삭제되면 학생 계정과 작업물도 모두 삭제된다.

그래서 14세 이상의 중,고등 학생에게는 개인 아이디를 만들고 관리하기를 권장한다. 디지털을 당연하게 사용하는 요즘 시대의 학생에게 작업의 과정과 기록물이 자신의 계정에 남기를 바란다.

개인 계정을 가진 학생도 교사가 개설한 수업을 참여할 수 있다. 대시보드에어 왼쪽 메뉴에 "내 수업"을 클릭하고 교사가 제공한 수업 코드를 입력하면 된다.

🔷 어린이 참여 (14세 미만)

개인 계정을 만들 때 만 14세 미만의 생년월일이 입력되면 틴커캐드를 바로 사용할 수 없고 아래와 같은 창이 나온다. 부모님의 E-mail을 입력하고 승인을 받는 방법도 있지만, 여기서는 한글이 제공되지 않기 때문에 과정이 다소 불편하다.

부모가 일반인 개인 계정을 만들어 수업을 만들고, 아이를 수업에 참여시키는 것도 방법 중에 하나이다.

수업 참여

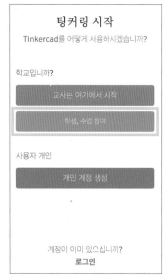

수업 코드와 별칭을 알고 있는 학생이 틴커캐드에 로그인 해보자.

메인 화면의 중앙에 있는 "수업 참여"나, 오른쪽 상단의 로그인 또는 지금 가입을 눌렀을 때 나오는 "학생, 수업 참여" 버튼을 클릭한다.

선생님에게 받은 수업 코드를 입력한다. 부여 받은 별칭을 입력한다.

그러면 특별한 가입 절차 없이 어린 학생들도 틴커캐드에 로그인해서 사용할 수 있다.

틴커캐드를 시작해 보자.

대시보드

첫 가입 이후 로그인을 다시 하게 되면 보이는 화면이 "**대시보드**"이다. 또는 왼쪽 상단에 알록달록한 틴커캐드 로고를 눌렀을 때 보이는 화면이기도 하다. 사용자의 상태와 이전 만들었던 모델링 작업을 보여준다.

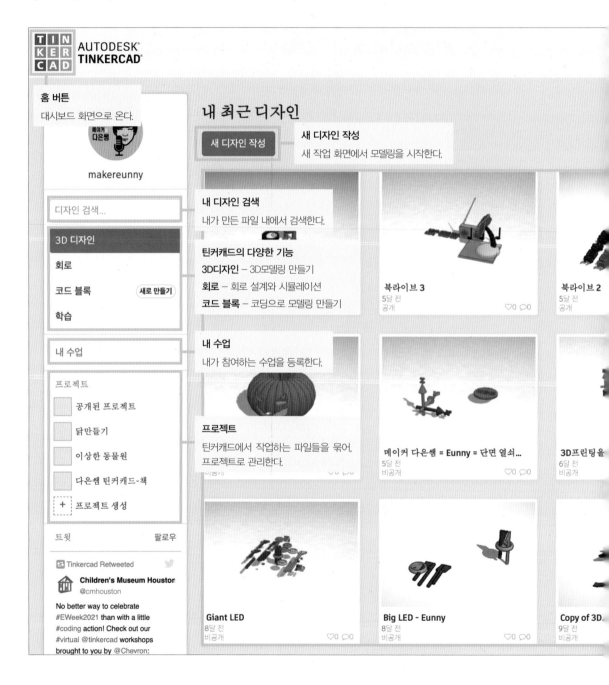

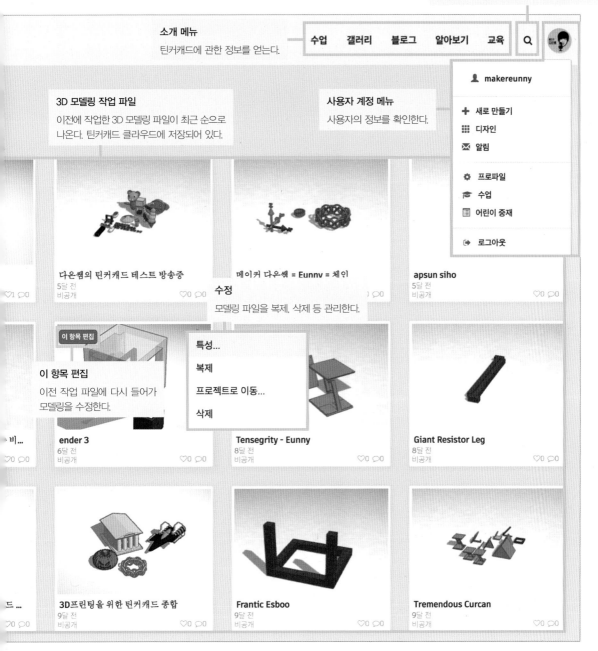

소개 메뉴
틴커캐드에 관한 정보를 얻는다.

수업 갤러리 블로그 알아보기 교육 Q

makereunny

+ 새로 만들기

▦ 디자인

✉ 알림

⚙ 프로파일

🎓 수업

▤ 어린이 중재

↪ 로그아웃

3D 모델링 작업 파일
이전에 작업한 3D 모델링 파일이 최근 순으로
나온다. 틴커캐드 클라우드에 저장되어 있다.

사용자 계정 메뉴
사용자의 정보를 확인한다.

다온쌤의 틴커캐드 테스트 방송중
5달 전
비공개
♡1 ♡0

메이커 다온쌤 = Eunny = 체인

수정
모델링 파일을 복제, 삭제 등 관리한다.

apsun siho
5달 전
비공개
♡0 ♡0

이 항목 편집

특성...
복제
프로젝트로 이동...
삭제

이 항목 편집
이전 작업 파일에 다시 들어가
모델링을 수정한다.

비...
♡0 ♡0

ender 3
6달 전
비공개
♡0 ♡0

Tensegrity - Eunny
8달 전
비공개
♡0 ♡0

Giant Resistor Leg
8달 전
비공개
♡0 ♡0

드 ...
♡0 ♡0

3D프린팅을 위한 틴커캐드 종합
9달 전
비공개
♡0 ♡0

Frantic Esboo
9달 전
비공개
♡0 ♡0

Tremendous Curcan
9달 전
비공개
♡0 ♡0

🎲 모델링 작업 화면

"새 디자인 작성 (Create new design)"을 누르면 나타나는 화면이다.

모델링 작업 화면으로 여기서 3D모델링을 만든다.

홈 버튼
대시 보드 화면으로 이동한다.

내 설계
파일의 이름 변경, 이전 모델링 파일로 이동, 새 디자인을 시작할 때 사용한다.

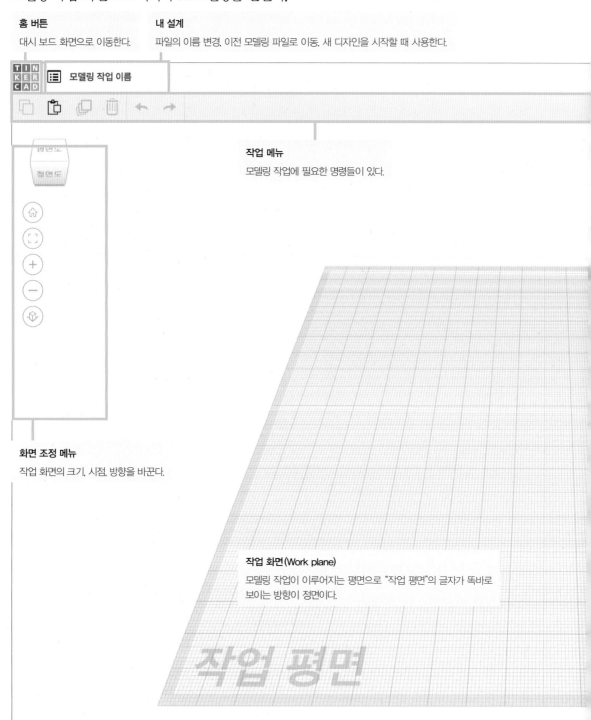

작업 메뉴
모델링 작업에 필요한 명령들이 있다.

화면 조정 메뉴
작업 화면의 크기, 시점, 방향을 바꾼다.

작업 화면(Work plane)
모델링 작업이 이루어지는 평면으로 "작업 평면"의 글자가 똑바로
보이는 방향이 정면이다.

도형 메뉴

모델링 작업에 사용되는 도형들이 나열되어
있는 메뉴이다. "기본 쉐이프"를 클릭하면 다
양한 도형 메뉴들이 나온다.

Tinkercad
기본 쉐이프 ▼

TINKERCAD
  기본 쉐이프
  문자 및 숫자
  문자
  커넥터
SHAPE GENERATORS
  추천
  모두
CIRCUITS
  조립물
  구성요소
PRINTABLE KITS
  공룡
  골격
YOU
  즐겨찾기
  부품 컬렉션
  사용자 모양 생성기

그리드 메뉴

작업 평면의 크기와 단위를 변경한다.

3 화면 시점 조작 (마우스, 뷰 박스)

3D 모델링 작업을 할 때 어떤 프로그램을 사용하든 자주 이용하는 것이 작업 화면의 시점 조작이다. 3D로 입체적인 모형을 만들지만, 실제 사용자가 보고 있는 모니터 화면은 2D 평면을 보고 있음으로, 화면 시점 조작은 가장 기본적으로 익숙해져야 하는 기능 중의 하나이다.

대체로 많은 3D 모델링 프로그램들이 화면 시점을 조작하는 기능을 마우스에 가지고 있다. 마우스 없이 노트북의 트랙패드만을 사용하여 모델링을 하면 불편함을 느낄 수 있다. 언제나 마우스를 가지고 모델링하는 것을 추천한다.

마우스로 화면의 자유로운 360° 회전

작업 평면 위에 마우스 커서를 올려두고 마우스의 오른쪽 버튼을 클릭한 상태로 마우스를 움직이면 화면의 시점이 360°로 자유롭게 돌아간다.

 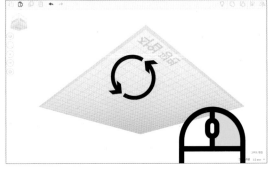

🎲 마우스로 화면의 확대와 축소

작업 평면 위에 마우스 커서를 올려두고 마우스 스크롤의 휠을 돌리면 화면이 확대 또는 축소
된다.

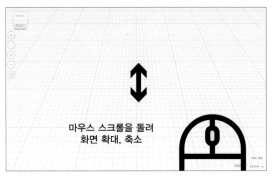
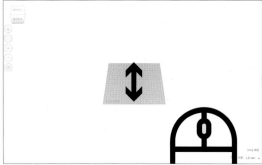

🎲 마우스로 화면 시점의 이동

마우스 스크롤의 휠을 누른 상태로 마우스를 움직이면 스케치 평면 자체가 움직이면서 시점을
이동할 수 있다.

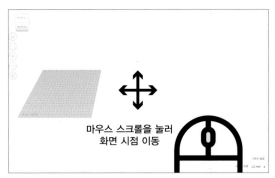
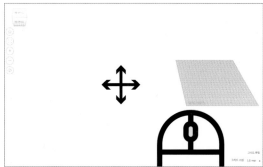

🎲 화면 조정 메뉴 사용

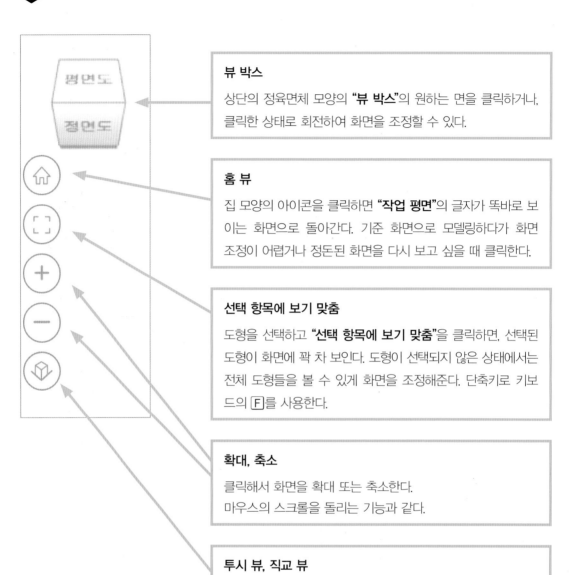

뷰 박스

상단의 정육면체 모양의 **"뷰 박스"**의 원하는 면을 클릭하거나, 클릭한 상태로 회전하여 화면을 조정할 수 있다.

홈 뷰

집 모양의 아이콘을 클릭하면 **"작업 평면"**의 글자가 똑바로 보이는 화면으로 돌아간다. 기준 화면으로 모델링하다가 화면 조정이 어렵거나 정돈된 화면을 다시 보고 싶을 때 클릭한다.

선택 항목에 보기 맞춤

도형을 선택하고 **"선택 항목에 보기 맞춤"**을 클릭하면, 선택된 도형이 화면에 꽉 차 보인다. 도형이 선택되지 않은 상태에서는 전체 도형들을 볼 수 있게 화면을 조정해준다. 단축키로 키보드의 F 를 사용한다.

확대, 축소

클릭해서 화면을 확대 또는 축소한다.
마우스의 스크롤을 돌리는 기능과 같다.

투시 뷰, 직교 뷰

작업 화면의 모습을 투시 뷰 또는 직교 뷰로 전환한다.

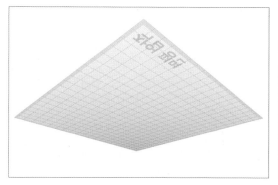 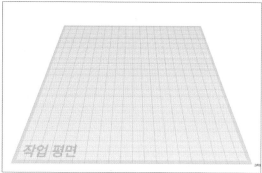

틀어져 있던 화면 상태에서 **"홈 뷰"**를 클릭하면 **"작업 평면"** 글자가 바로 보이는 정면으로 돌아온다.

《 선택 항목에 보기 맞춤 》

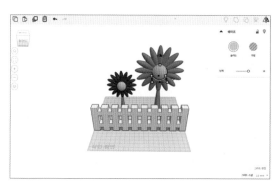 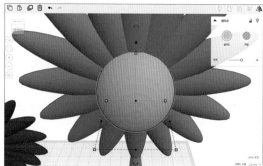

도형을 하나 선택한 후 **"선택 항목에 보기 맞춤"**을 클릭하거나 F를 누르면 선택된 도형이 확대되어 화면 중앙에 보인다.

《 투시 뷰, 직교 뷰 》

 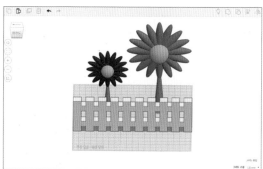

왼쪽이 입체적으로 보이는 **"투시 뷰"**, 오른쪽이 3D 모형이 평면적으로 보이는 **"직교 뷰"**이다.

4. 도형 이동

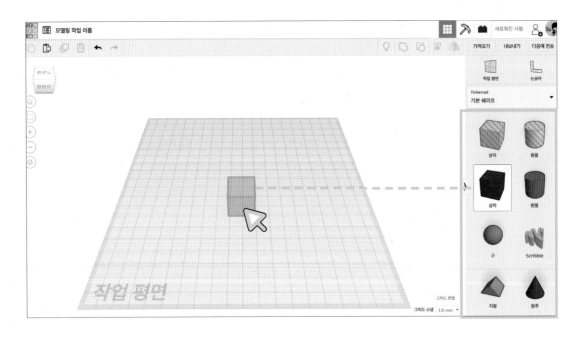

기본적인 모델링 작업은 오른쪽 **"도형 메뉴"**의 도형을 클릭해서 **"작업 평면"** 위로 가져오면 된다.

도형의 XY 평면 이동

작업 평면 위에 여러 도형을 가져온다. 도형의 위치를 이동하는 방법은 2가지가 있다. 하나는 도형을 클릭한 상태로 마우스로 움직이는 방법이다. 다른 하나는 도형을 선택하고 키보드의 방향키를 눌러 이동시킬 수 있다.

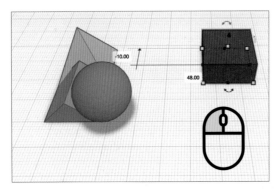

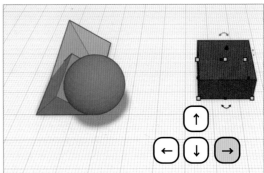

🔷 도형의 Z축 (높이) 이동

도형을 Z축 방향으로 이동하는 첫 번째 방법은 도형이 선택되었을 때 상단에 나오는 검은색 삼각형을 클릭한 채로 마우스를 움직이는 방법이다. 키보드를 사용할 때는 Ctrl+↑↓를 누르면 된다.

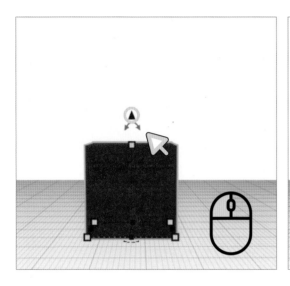

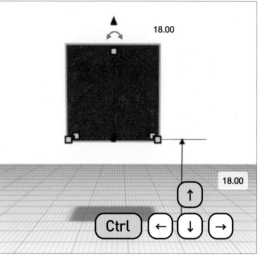

🔷 도형을 작업 평면에 붙이기

도형 메뉴에서 도형을 가져오면 처음에는 도형의 한쪽이 기준 평면과 붙어있다. 하늘색의 작업 평면은 기준 평면으로, 3D 모델링 작업을 위해 도형은 위 또는 아래로 움직일 수 있다. 작업 중 다시 도형을 "작업 평면"에 붙이고 싶다면 Z축 방향으로 이동하거나 도형을 선택하고 키보드 D를 누르는 방법도 있다.

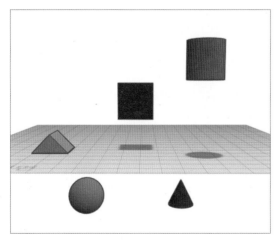

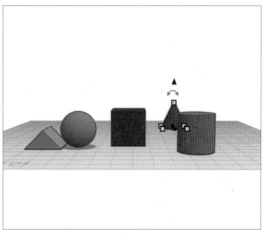

5 그리드 바꾸기, 도형 삭제

작업 화면의 오른쪽 하단에 있는 그리드를 소개한다. 그리드는 틴커캐드에서 사용하는 단위, 작업 화면의 크기, 키보드 방향키의 단위들을 변경하는 메뉴이다. 초보자가 사용할 때는 아무 변경없이 사용해도 무방하다.

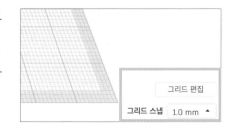

그리드 편집 (Edit Grid)

그리드 편집을 클릭하면 오른쪽과 같은 그리드 특성 메뉴가 나온다. 기본적으로 틴커캐드에서는 mm 단위를 사용한다. 하늘색 작업 평면의 사이즈는 200mm×200mm 사이즈이다.

필요에 따라 단위를 바꿔서 사용할 수 있다. 특히 작업 평면의 크기는 사용자가 원하는 크기를 숫자로 입력하여 지정할 수도 있지만, 사용하는 3D 프린터의 출력 사이즈에 맞춰 사용할 수도 있다.

🎲 그리드 스냅 (Snap Grid)

그리드 스냅은 마우스 또는 키보드로 도형을 움직일 때 적용되는 단위이다. 기본적으로 1.0mm를 사용한다.

5.0mm를 선택하고 도형을 움직이면 5.0mm씩 성큼성큼 움직이는 것을 볼 수 있다. 도형을 미세하게 움직이고 싶을 때는 0.1mm 그리드 스냅을 사용하면 좋다.

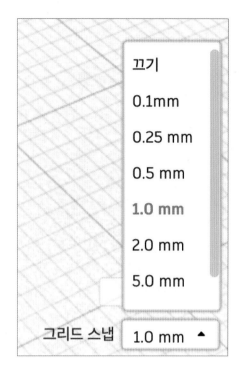

🎲 도형 삭제와 명령 취소 (뒤로 가기)

도형을 삭제하는 방법은 도형을 클릭하고 키보드의 ← 또는 Delete를 누르면 지워진다. 또는 도형이 선택된 상태에서 상단 메뉴의 "휴지통"을 클릭한다.

도형을 잘못 지웠을 때는 상단의 작업 메뉴에서 뒤로 가기 화살표 "명령 취소(Undo)"를 클릭하거나 키보드의 Ctrl+Z를 이용하면 이전 작업 모습으로 돌아갈 수 있다.

도형 크기 바꾸기

도형의 크기를 마우스로 바꾸기

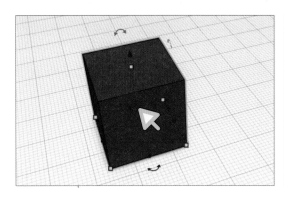
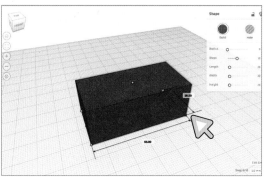

도형을 클릭하면 도형의 모양을 수정하기 위한 다양한 기능들이 점으로 나타난다. 도형 아래의 각 꼭짓점의 하얀색 점을 클릭한 상태로 마우스를 움직이면 도형의 크기가 변한다. 도형의 밑변에 중간에 있는 검은색 점을 잡아당기면 그 변의 길이만 변한다.

도형의 길이를 마우스로 바꾸기

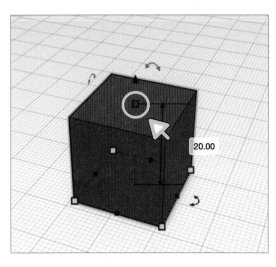
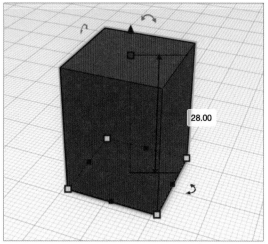

도형을 길이를 마우스로 변경하는 방법은 도형의 가장 상단의 중앙에 있는 점을 클릭하여 움직이는 것이다. 도형의 높이 위치(Z축)를 변경하는 검은색 삼각형이 가까이 있으니, 클릭할 때 주의한다.

🎲 도형의 비율을 유지하면서 크기 바꾸기

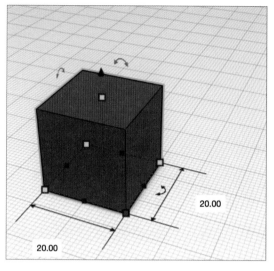 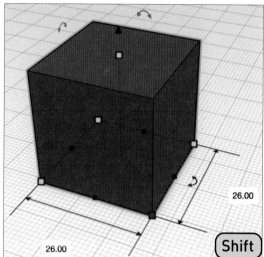

마우스로 도형의 점을 클릭해서 크기를 변경하면 가로, 세로 길이 또는 높이 길이만 변경된다.
도형의 비율을 유지한 상태에서 크기를 확대하거나 축소하기 위해서는 키보드의 [Shift]를 함께
누른 상태에서 크기를 변경한다.

🎲 도형의 중심 위치를 유지하면서 크기 바꾸기

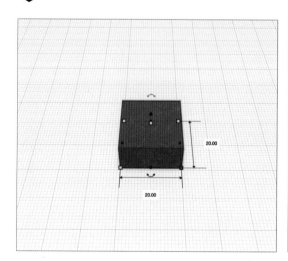 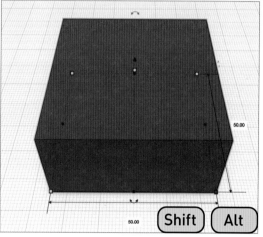

키보드의 [Alt]를 누르면 도형의 중심 위치가 고정된다. [Alt]+[Shift]를 함께 누르고 마우스로 도
형의 점을 클릭해서 도형의 크기를 변경해본다. 도형의 중심 위치가 고정된 상태에서 비율을 유
지한 채로 도형의 크기가 커지거나 작아진다.

🔷 도형의 크기를 치수로 바꾸기

마우스로 도형의 크기를 바꿀 경우 내가 원하는 치수의 크기로 변경하기 어렵다. 숫자를 이용해 도형의 정확한 크기를 입력해본다.

O1 도형을 클릭하여 선택한다. 각 꼭짓점에 마우스 커서를 가져가면 도형이 가지고 있는 크기 정보가 숫자로 나타난다. 앞에서 이야기했듯이 기본 사용 단위는 mm이다.

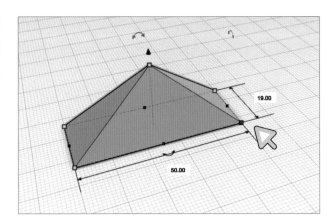

O2 도형의 꼭짓점을 클릭한 후 화면에 나타난 변의 숫자를 다시 한번 클릭한다. 그러면 크기의 숫자를 바꿀 수 있다.

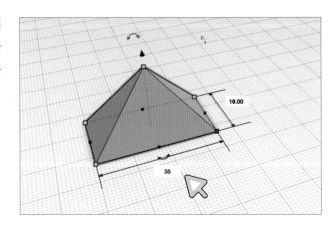

O3 키보드를 이용해 원하는 크기의 정확한 숫자를 넣고 Enter↵를 누른다. 그러면 도형이 원하는 정확한 크기로 바뀐다.

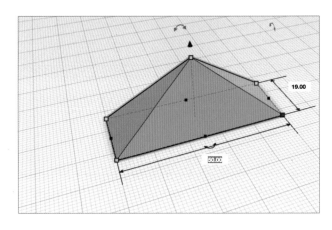

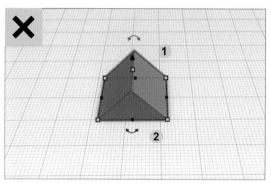

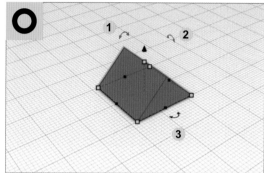

도형을 클릭하면 도형 주변에 둥근 화살표의 호가 있는 것을 볼 수 있다. 3차원상에서 X, Y, Z 각각 회전할 수 있는 3개의 둥근 호가 보여야 한다. 하지만 화면의 시점을 어떻게 설정했는가에 따라 2개의 호만 보일 수도 있다. 이때는 마우스를 이용하여 화면의 시점을 조금 돌려 회전할 수 있는 3개의 둥근 호가 잘 보이게 한다.

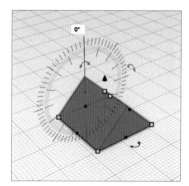

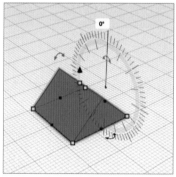

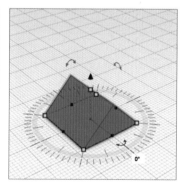

둥근 호에 마우스 커서를 가져다 올리면 회전하는 모양이 눈금으로 나타난다. 회전하고 싶은 방향의 둥근 화살표를 잘 선택해야 한다.

🎲 도형을 마우스로 회전하기

01 회전할 방향을 정해 둥근 호를 클릭한 상태로 마우스를 움직인다. 마우스의 커서가 도형과 가까우면 22.5° 씩 정해진 각도로 회전한다.

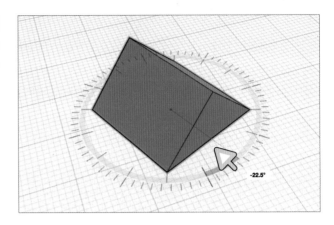

02 마우스의 커서가 도형과 멀면 1°씩 자유롭게 회전할 수 있다.

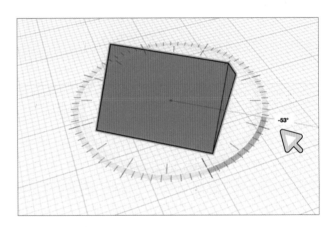

03 키보드의 [Shift]를 누른 상태에서 회전하면 45°씩 회전한다.

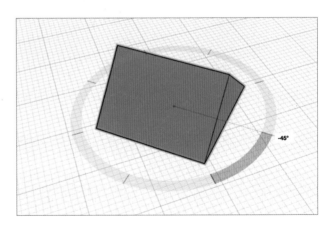

🔷 도형을 수치로 회전하기

O1 도형을 클릭하고 회전하고 싶은 방향의 검은색 둥근 화살표를 클릭한다. 그다음 0°라고 나타나는 숫자를 클릭한다.

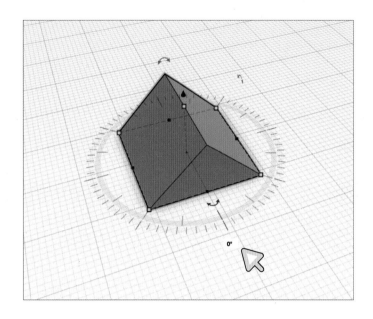

O2 키보드를 활용하여 회전하고 싶은 만큼의 각도를 숫자로 입력한다. 양수로 입력하면 시계 방향만큼 그 각도로 회전하고, 마이너스를 붙여 음수로 입력하면 시계 반대 방향으로 회전한다.

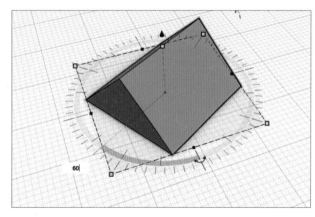

🔦 아하!

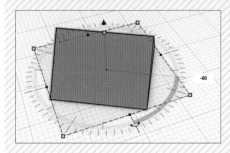

한번 회전한 정보는 저장되지 않고 다시 0°로 돌아간다. 작업에 따라 본인이 회전한 값을 기억해두는 것이 좋을 수 있다.

8 기본 도형 수정하기

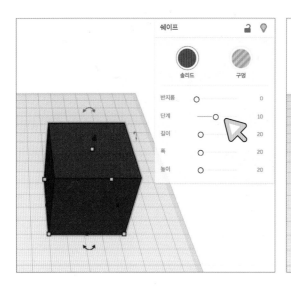

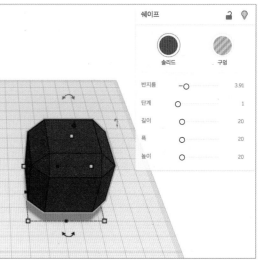

기본 도형을 작업 평면에 가져오고 클릭하면 오른쪽 위에 "쉐이프(Shape)"의 작업 메뉴가 나타난다. 기본 도형을 수정할 수 있는 창으로, 각 요소의 바를 클릭해서 움직이면 도형의 모양이 변화하는 것을 볼 수 있다.

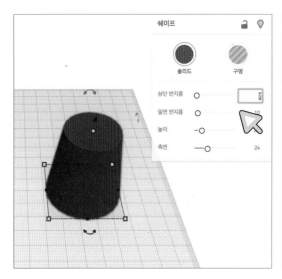

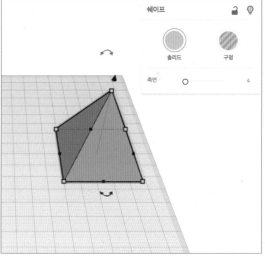

마우스를 이용해 변경할 수 있을 뿐만 아니라, 오른쪽의 숫자를 클릭하고 키보드로 치수를 입력하여 변경할 수도 있다.

01 원통을 가져온다. 쉐이프 메뉴에서 '측면'의 값이 기본적으로 20으로 설정되어 있다. 원통의 옆면이 20개의 면으로 이루어져 있다는 말이다.

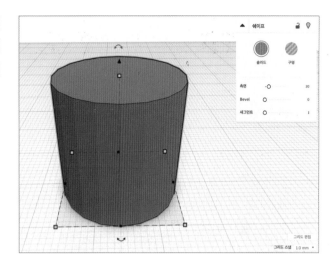

02 '측면'의 값을 바꿔본다. 최소값은 12로 숫자가 낮아지면 원형보다 다각기둥에 가까워지는 것을 볼 수 있다.

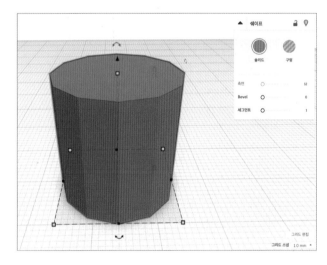

03 '측면'의 가장 큰 값은 64이다. 64일 때 원통의 단면이 가장 둥글게 보인다. 둥근 원통을 사용하고 싶다면, 작업 초반에 측면의 값을 높이고 사용하는 것이 좋다. 도형을 수정하는 메뉴는 **"기본 쉐이프"** 도형에만 제공되는 기능으로, 도형의 형태에 따라 수정 가능한 변수의 개수가 다르고 모양도 다르다. 다른 도형과 그룹이 된 이후로는 쉐이프 기능은 작동하지 않음으로 주의한다.

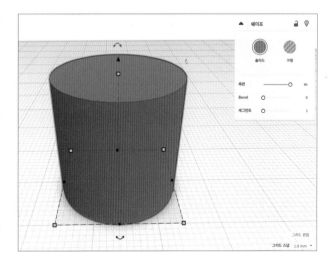

9 도형 복사, 더하기 그룹

도형 복사

O1 복사할 도형을 선택하고 키보드의 Ctrl+C, Ctrl+V를 누른다. 또는 **"작업 메뉴"**의 왼쪽의 **"복사, 붙여넣기"** 버튼을 클릭해도 된다.

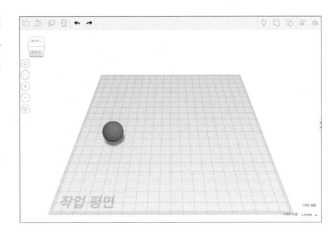

O2 선택된 도형이 Ctrl+V를 누른 수 만큼 반복해서 복사된다.

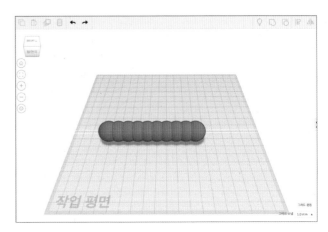

O3 복사, 붙여넣기가 일어난 도형들은 실제 서로 붙어 있지는 않다. 그래서 각각의 도형을 클릭하여 이동하면 도형들이 자유롭게 움직일 수 있다.

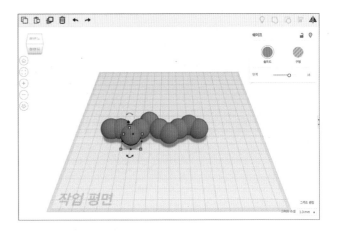

🔷 더하기 그룹

01 각각 떨어져 움직이는 도형을 하나의 덩어리로 붙이는 것을 틴커캐드에서는 **"그룹"**이라고 한다. 그룹을 만들기 위해서는 우선 그룹을 만들 도형을 모두 선택해야 한다. 마우스로 전체를 드래그하거나 키보드의 Shift 를 누른 상태로 그룹을 만들 도형을 각각 클릭하여 선택한다.

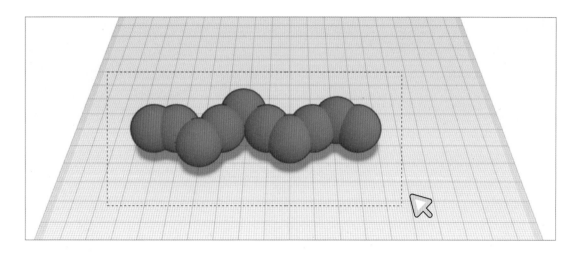

02 여러 도형이 선택되면 상단의 **"그룹 만들기(Group)"** 버튼이 진한 검은색이 되면서 활성화된다.

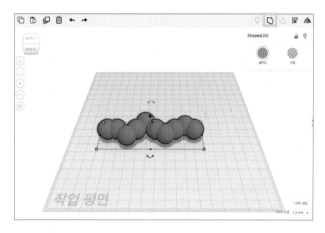

03 그룹 버튼을 클릭한다. 선택된 도형들이 하나의 덩어리로 합쳐졌으면 크기를 변경할 때도, 이동할 때도 같이 움직이는 것을 볼 수 있다. 그룹으로 붙은 도형은 **"그룹 해제 (Ungroup)"** 버튼을 눌러 그룹으로 붙은 도형들을 다시 해제할 수 있다.

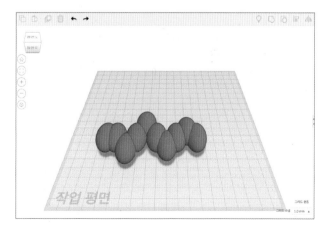

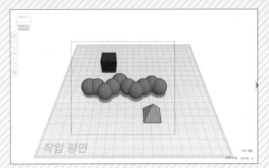

서로 붙어 있지 않은 도형들도 전체 선택이 되면 그룹을 만들 수 있다.

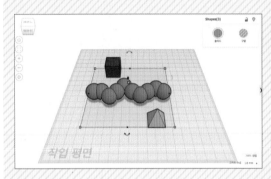

그룹을 만들 도형을 드래그하여 선택한다. 작업 평면 위의 모든 도형을 선택하고 싶으면 모든 도형을 드래그하거나 키보드의 Ctrl+A를 이용해도 된다.

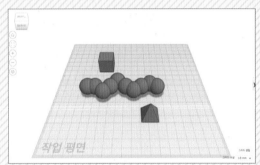

특히 색이 다른 도형들을 그룹으로 만들면, 하나의 덩어리가 되었다는 의미로 같은 색으로 통일된다

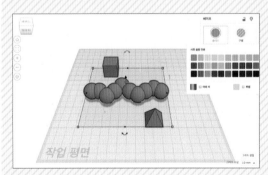 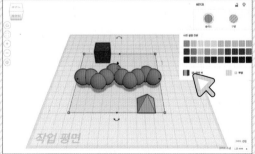

그룹의 상태를 유지하면서 이전에 선택한 색을 보이게 하기 위해서는 색상표 밑의 **"여러 색(Multicolor)"**을 선택한다.

도형의 색 바꾸기

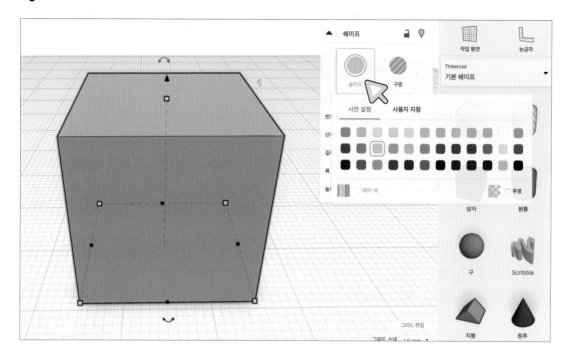

도형을 클릭하면 생기는 **"쉐이프(Shape)"** 메뉴에서 둥근 색상표를 클릭하면 각 도형의 색을 고를 수 있다.

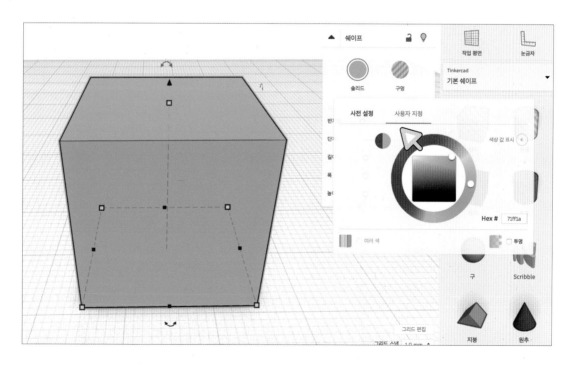

기본에 제공되는 색상뿐만 아니라 **"사용자 지정"**을 클릭하여 색상을 더 자유롭게 바꿀 수 있다.

기본 구멍 도형

구멍 도형과 그룹을 이용하여 도형에서 특정 모양을 빼는 방법을 알아본다.

01 오른쪽의 **"도형 메뉴"**의 가장 상단에 회색 빗살무늬의 도형 2개를 볼 수 있다. 이를 구멍 도형이라고 한다. 구멍 도형도 기존의 도형들과 마찬가지로 크기를 변경하고 회전할 수 있다. 단지 색상이 있는 도형과 겹치게 되면 겹친 부분이 짙은 회색으로 표시된다.

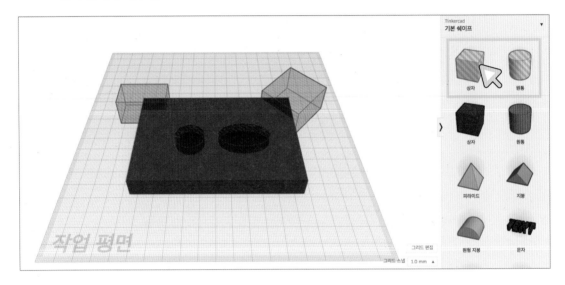

02 앞에서 배운 더하기(그룹)와 마찬가지로 도형 전체를 마우스의 드래그로 선택한다. 그러면 상단의 **"그룹 만들기"** 아이콘이 진한 검은색이 되면서 활성화된다. 그룹을 클릭하면 구멍 도형과 겹쳐진 부분의 모양이 사라진다.

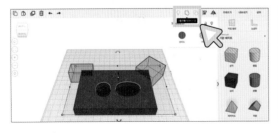
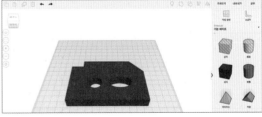

아하!

구멍이 뚫린 도형을 클릭하고 **"그룹 해제"**를 선택하면 다시 구멍 도형의 위치나 크기를 수정할 수 있다.

다양한 도형을 구멍 도형으로 만들기

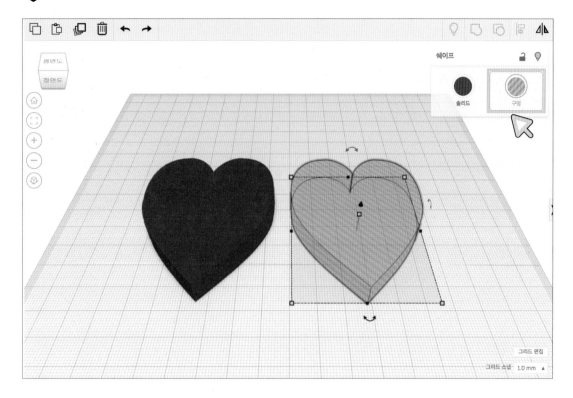

틴커캐드에는 상자 모양과 원통 모양의 구멍 도형만 있는 것이 아니다. 모든 도형을 구멍 도형으로 만들 수 있다. 도형을 클릭하면 생기는 **"쉐이프(Shape)"** 메뉴에서 **"구멍(Hole)"** 이라고 쓰여 있는 회색 사선의 동그라미를 클릭하면 선택한 도형의 색이 사라지면서 구멍 도형이 된다.

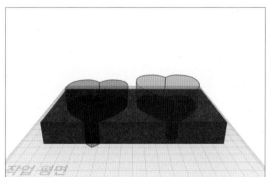 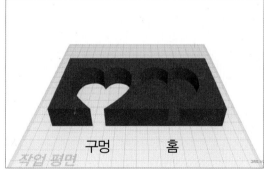

구멍 도형은 겹쳐진 부분을 빼는 기능을 가진 도형으로 겹쳐진 부분의 모양이 중요하다. 구멍 도형이 어떻게 있느냐에 따라서 처음부터 끝까지 구멍이 뚫릴 수도 있으며, 구멍 도형의 높이를 다르게 하여 홈을 만들 수도 있다.

🔷 구멍 도형들의 그룹

구멍 도형도 복사, 붙여넣기 및 그룹을 만들 수 있다. 기본 구멍 도형을 활용하여 다양한 구멍 도형을 만들어 모델링을 응용해본다.

01 하나의 상자 구멍 도형을 가져와 45°를 회전한 후 Ctrl + C, Ctrl + V를 눌러 여러 도형을 복사, 붙여넣기를 했다. 도형을 드래그로 선택하고 그룹을 눌러 하나의 구멍 도형 그룹을 만들었다.

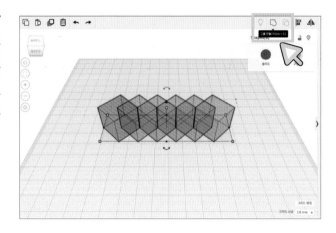

02 구멍 도형과 색상 도형이 겹쳐진 상태에서 그룹을 만들면 빼기가 되지만, 구멍 도형끼리 그룹을 만들면 하나의 새로운 모양의 구멍 도형이 된다.

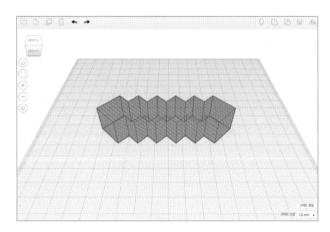

03 구멍 도형을 그룹해서 만든 모형으로 색상 도형을 가져와 구멍을 뚫어본다.

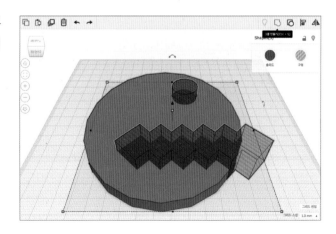

04 한 번 구멍이 뚫린 도형도 다시 구멍 도형으로 바꿔서 활용할 수 있다.

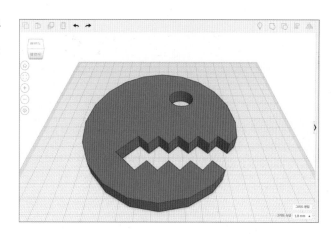

05 도형을 선택하고 **"쉐이프(Shape)"** 메뉴에서 **"구멍(Hole)"**이라고 쓰여 있는 회색 사선의 동그라미를 클릭한다.

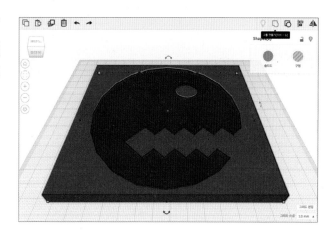

06 구멍 도형과 빨간색 도형을 그룹으로 만들면 캐릭터 모양의 구멍을 만들 수 있다. 구멍 도형을 자유롭게 응용할 수 있다면 틴커캐드에서 만들 수 있는 모양이 다양해진다.

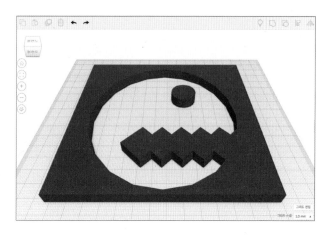

11 도형 정렬, 좌우 뒤집기

도형 정렬

도형들을 왼쪽, 가운데, 오른쪽 정렬로 만들어 본다.

O1 정렬을 만들고 싶은 도형들을 선택한
다. 도형을 선택하는 방법에는 마우
스로 드래그하는 방법과 Shift 를
누른 상태에서 도형을 클릭하는 방
법이 있다. 2개의 도형이 선택되면 상
단에 **"정렬(Align)"** 아이콘이 진하게
활성화된다. 키보드 단축키는 L이다.

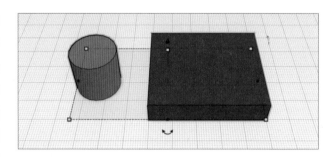

O2 **"정렬(Align)"** 아이콘을 누르면 도
형의 주변에 검은색 점들이 생긴다.
점의 위치에 따라서 왼쪽, 가운데,
오른쪽 정렬을 표시해주는 것이다.

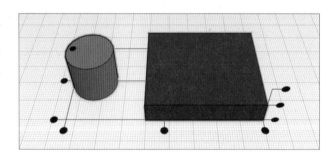

O3 원하는 정렬 위치의 검은색 점을 클릭하면 도형이 움직이면서 정렬이 된다.

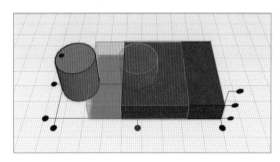
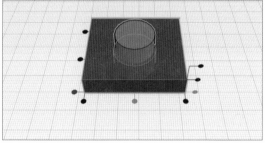

아하!

정렬을 이룬 도형은 그룹을 만들어 놓는 것을 추천한다. 작업 도중에 도형을 잘못 움직여서 정렬이 흐트러질 수 있기
때문이다.

도형의 좌우 뒤집기

⬛ 좌우 대칭 형태의 도형을 만들어 본다.

01 좌우 뒤집기 하고 싶은 도형을 선택한다. 도형을 선택하면 상단의 **"반전(Flip)"** 아이콘이 진한 색으로 활성화된다. **"반전(Flip)"**을 클릭하면 도형 주변에 3개의 검은 화살표가 생긴다. 키보드 단축키는 M 이다.

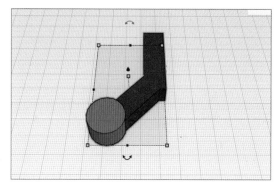 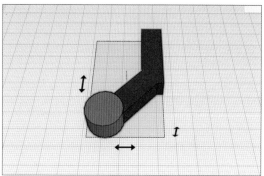

02 반전을 원하는 방향의 화살표를 클릭하면 뒤집힌 도형의 모형이 만들어진다.

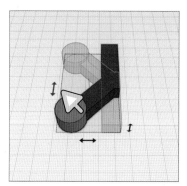 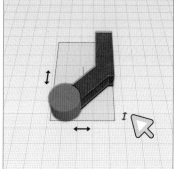 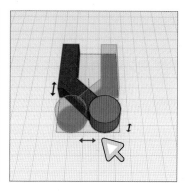

💡 **아하!**

도형을 좌우에 대칭되게 만들려면 미리 하나의 도형을 복사, 붙여놓기를 해놓고 뒤집기를 하면 좋다.

12. 저장과 파일 내보내기

저장하기

틴커캐드는 인터넷 클라우드에 자동으로 저장한다. 그래서 저장 버튼이 따로 없다. 자동으로 저장하기 위해서 파일명을 무작위로 만든다. 모델링이 변경되면 오른쪽 상단에 '저장 중...' 또는 '모든 변경 사항 저장됨'이라는 메시지를 볼 수 있다. 또한, 오른쪽 상단을 자세히 보면 모델링이 변경된다.

모델링 화면 그림 파일로 내보내기

모델링한 화면을 그림 파일로 내보낼 수 있다. 사진을 찍고 싶은 방향으로 화면을 구성한 다음, 오른쪽 상단의 "다음에 전송"을 클릭한다. 그다음 "로컬로 다운로드"를 클릭하면 모델링 화면이 '.png' 형태의 그림 파일로 다운로드된다. 물론 스크린샷을 이용해도 좋다.

🔷 3D 프린팅을 위한 파일로 내보내기

01 모델링이 완료되었으면 상단 작업 메뉴의 오른쪽에 **"내보내기(Export)"**를 클릭한다.

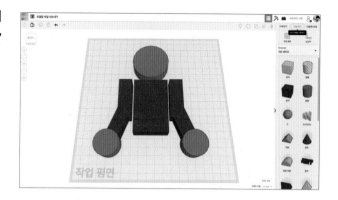

02 **".stl"**을 누르면 3D 프린팅을 위해 스케치 평면 위에 있는 모든 도형이 하나의 파일로 다운로드된다. **".obj"**는 도형과 색상 정보가 함께 들어간 파일이고, **".svg"**는 가장 아래 단면의 2D 벡터 파일이다.

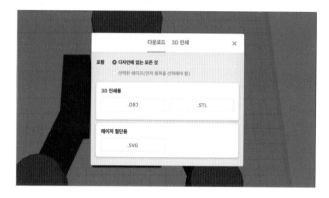

03 특정 도형이 선택된 상태에서 **"내보내기(Export)"**를 눌러 본다. 선택된 도형만을 **".stl"** 형식의 파일로 내려받을 수도 있다.

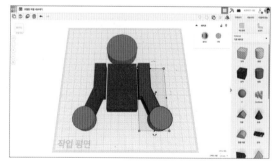

더 알아보기

틴커캐드의 기본 기능을 익혔다면,
모델링에 활용 가능한 더 많은 기능을 알아본다.

1 글자 모델링

기본 글자 모델링 (TEXT)

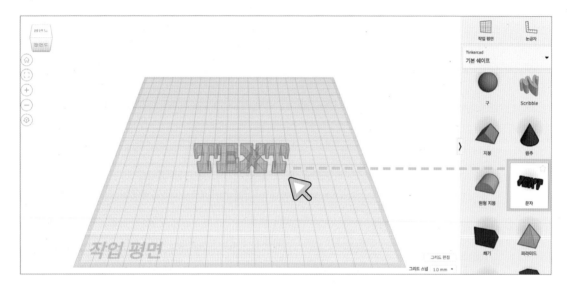

틴커캐드에서 글자, 숫자를 모델링해본다. 가장 기본적인 글자 모델링 작업은 오른쪽의 **"도형 메뉴"**에서 **"TEXT"**를 가져오면 된다.

"TEXT" 모양을 가져오면 오른쪽 쉐이프 메뉴가 활성화된다. '문자'에 쓰여 있는 'TEXT'를 지우고 원하는 글자, 숫자를 입력하면 된다. 글꼴이 'Multi-languae'인 상태에서는 한글도 모델링이 가능하다.

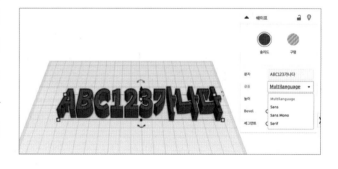

하지만 글꼴을 다른 형태로 바꾸면 한글이 표현되지 않는다.

다양한 한글 폰트를 모델링으로 활용하고 싶다면 84p에 나오는 방법을 확인한다.

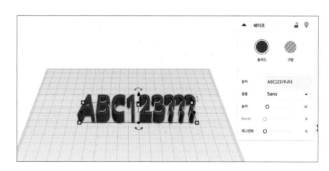

🎲 틴커캐드에서 제공하는 다양한 글자 모델링

기본적인 글자 모델링 이외에 다양한 글자 모델링 기능이 제공되고 있다. "도형 메뉴"의 "기본 쉐이프"를 바꿔본다. "문자 및 숫자", "추천", "모두"의 메뉴 안에는 조금씩 다른 폰트, 다른 형태의 기능을 가진 글자 모델링이 있다.

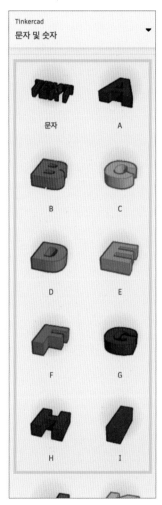

둥근 면에 사용하는 글자 모델링, 3D 프린터와 레이저 커터에 사용 적합한 글자 모델링 등 다양하다. 하지만 아쉽게도 'Multilanguae'를 제외하면 한글은 표기되지 않는다.

2. 손그림 (Scribble)

마우스를 움직여 손으로 직접 그리는 모양을 모델링으로 만드는 손그림(Scribble)을 사용해 자유로운 모델링을 만들어 본다. 특히 터치스크린이나 태블릿 PC에 사용하기 좋은 기능이다.

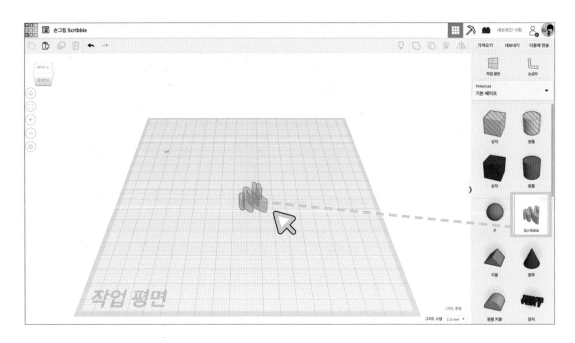

손그림(Scribble)을 작업 평면으로 가져오면 화면이 위에서 아래로 내려다본 평면 스케치로 바뀐다.

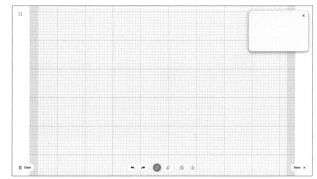

마우스를 클릭한 채로 움직여서 자유롭게 그림을 그려본다. 글씨를 써봐도 좋다. 오른쪽 상단에 미리보기로 만들어지는 모델을 확인할 수 있다.

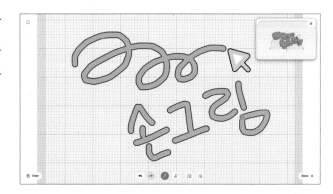

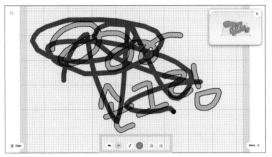 

하단에는 손그림(Scribble)에서 사용 가능한 메뉴가 있다. 그림을 수정하고 싶으면 '뒤로 가기' 버튼을 클릭하거나 지우개로 지울 수도 있다. 하지만 작은 지우개로 넓은 영역을 지우기는 힘들다.

 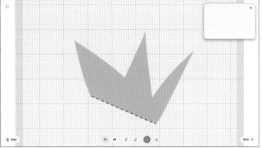

넓은 영역을 지울 때는 가장 오른쪽의 점선 별 모양 아이콘을 사용한다. 지우고 싶은 영역을 마우스를 누른 채 움직이면 검게 포함된 그림이 다 지워진다. 반면 실선 별 모양의 아이콘은 마우스가 지나간 자리를 꽉 채운 모델링으로 만들어준다.

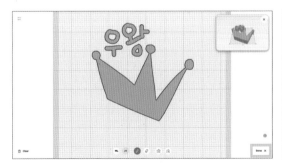 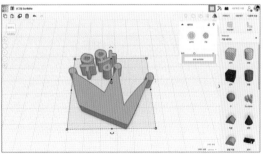

모두 다 그렸다면 오른쪽 하단의 "종료(Done)"를 클릭한다. 그러면 손그림으로 만들어진 모델링이 작업 평면에 나타나 있다. 필요에 따라 크기와 높이를 수정한다. 손그림을 다시 수정하고 싶다면 "쉐이프" 메뉴의 "Edit scribble"을 클릭한다.

3 투명 도형의 활용

도형에 솔리드 색상이 들어가 있으면 안
쪽 형상을 볼 수 없다. 도형 안의 도형
을 작업할 때 투명 도형을 활용해본다.

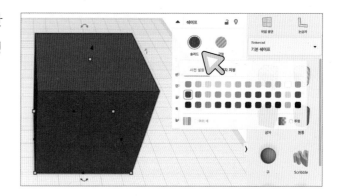

도형을 선택하면 활성화되는 "쉐이프"
메뉴의 솔리드 색상을 클릭한다. 색상
표 아래의 "투명(Transparent)"을 선택
한다. 선택된 도형이 투명하게 보이면
서 안쪽 형상이 보인다.

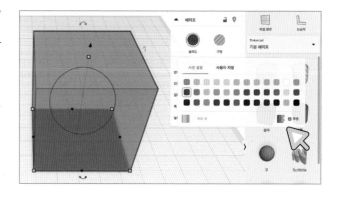

투명 여부와 상관없이 3D 프린팅을 위한 'stl' 파일을 내려받았을 때 나오는 형태는 같다.

도형 안에 있는 도형 선택 방법

커다란 투명 도형 안에 작은 도형이 들어가 있으면 마우스로 클릭하여 안쪽 도형을 선택할 수
없다. 안쪽 도형을 선택하는 방법을 소개한다.

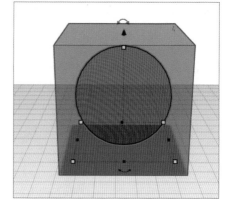

O1 먼저 마우스를 드래그하여 도형 전체를 선택한다. 이때
밖에 있는 도형과 안에 있는 도형이 모두 선택된다.

O2 키보드의 [Shift]를 누른 상태로 바깥 도형을 클릭해
서 선택을 해제한다. 그러면 안쪽 도형만 선택된 채로
남는다. 안쪽 도형의 크기를 변경할 수도 있고, 키보드
의 방향키를 이용하여 위치를 수정할 수도 있다.

4. 눈금자와 작업 평면 활용

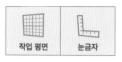

작업 평면   눈금자

"작업 메뉴"의 작업 평면과 눈금자 기능을 활용해본다. 작업 평면으로 새로운 스케치 바닥 면을 만들어 보고, 자의 기능을 활용하여 도형의 크기와 위치를 정확히 확인하고 치수로 수정해본다.

🔷 눈금자의 사용

눈금자

자의 기능을 불러오기 위해 "작업 메뉴" 상단의 직각자 모양의 "눈금자(Ruler)"를 클릭한다. 또는 키보드의 R을 눌러도 눈금자 기능을 불러올 수 있다.

O1 "눈금자"의 기능을 실행하면 마우스를 따라 직각자 모양이 마우스를 따라다닌다.

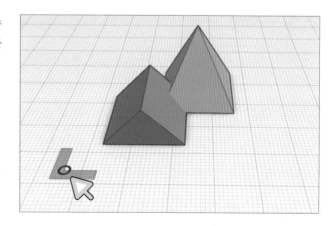

O2 작업 평면을 클릭하면 그 점을 (0, 0)의 기준으로 삼아 작업 평면 위에 자가 생성된다.

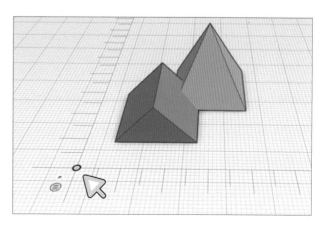

03 바닥을 클릭하여 자의 원점을 선택한 후 도형을 클릭하면 도형의 치수와 도형과 기준점 사이의 거리가 숫자로 표시된다. 자를 통해 나타난 숫자를 클릭하여 키보드로 원하는 숫자를 입력하여 값을 바꿀 수 있다.

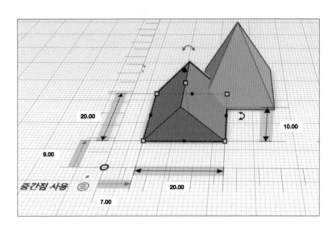

04 자 원점 밑의 설정을 클릭하여 도형의 **"중간점"**을 기준으로 나타나게 할 것인지 아니면 **"끝점"**을 기준으로 나타나게 할 것인지 변경할 수도 있다. 자의 원점 밑에 **"X"**를 클릭하면 자는 사라진다.

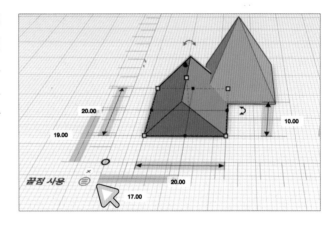

05 작업에 따라 원점을 한 도형의 모서리로 두고 작업하는 것이 편할 수도 있다. 자의 원점과 도형 간의 거리를 0으로 만들든가 아니면 처음 자 기능을 실행할 때 도형의 모서리를 기준점으로 클릭하면 된다.

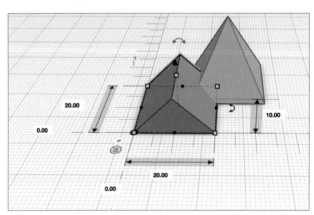

작업 평면의 사용

하늘색의 평면은 기준 작업 평면이다. **"작업 평면(Workplane)"** 기능을 이용하여 추가 평면을 만들어 모델링을 해본다. **"작업 메뉴"** 의 **"작업 평면"** 아이콘을 클릭하거나 키보드의 W를 누르면 불러올 수 있다.

O1 작업 평면 기능이 실행되면 마우스 커서의 움직임과 함께 네모난 면이 따라 다닌다.

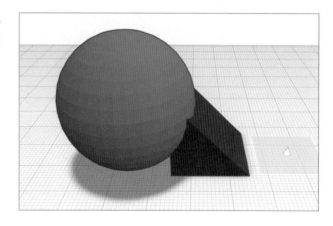

O2 추가 평면을 만들고 싶은 평평한 면을 찾아 클릭한다. 둥근 곡면 위에 클릭할 경우 클릭한 점을 기준으로 추가 평면이 생성된다.

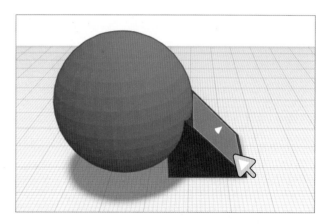

O3 주황색의 기울어진 작업 평면이 생겼다.

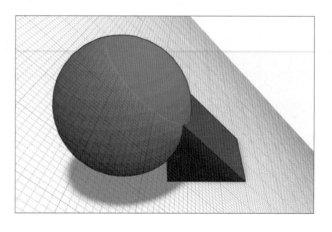

04 새 도형을 가져오면 주황색 평면을
기준으로 모델링 작업이 이루어진다.

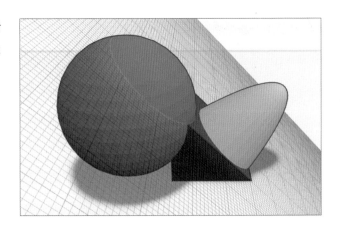

05 주황색 작업 평면을 취소하고 다시
하늘색의 기준 작업 평면으로 돌아
오기 위해서는 **"작업 평면"** 기능을
다시 클릭한다.

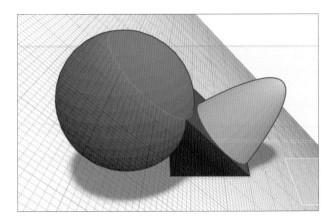

06 마우스 커서를 기준 작업 평면 위에
가져간 다음 클릭한다. 그러면 주황
색의 작업 평면이 사라지고 하늘색
의 기준 작업 평면으로 돌아온다.

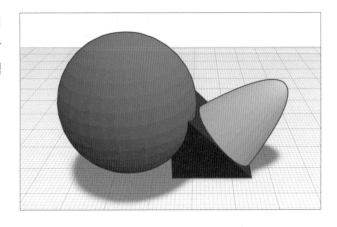

기울어진 작업 평면의 응용

01 기준 작업 평면에서 만든 도형을 기울어진 평면 위에 **"작업 평면"** 기능을 사용하여 옮겨 본다. 먼저 기준 작업 평면에 작업한 모델을 Ctrl+C를 눌러 복사한다.

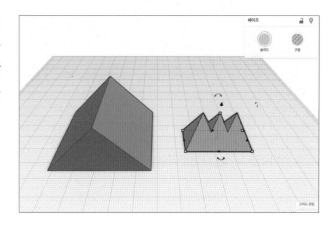

02 **"작업 평면"** 기능을 실행하여 모델을 옮기고 싶은 곳에 기울어진 작업 평면을 만든다. 주황색의 작업 평면이 생겼다.

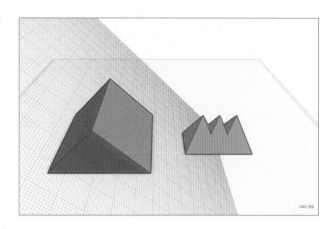

03 다른 도형이 선택되지 않은 상태에서 Ctrl+V를 누른다. 그러면 하늘색의 기준 작업 평면에서 작업한 모양을 기울어진 주황색 작업 평면에 복사, 붙여넣기하면서 옮길 수 있다.

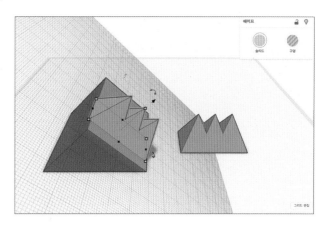

5 모서리 둥글리기

틴커캐드에는 다른 모델링 프로그램에서 많이 사용되는 모서리를 둥글리는 필렛(Fillet)의 기능이 없다. 하지만 틴커캐드의 다른 기능을 활용하여 둥근 모서리를 만드는 방법을 알아본다.

반지름(Radius) 기능 사용

01 가장 쉬운 방법은 상자를 가져와 클릭했을 때 오른쪽 위의 **"쉐이프(Shape)"** 메뉴를 이용하는 방법이다. **"반지름(Radius)"** 값을 올리면 정육면체의 모서리가 둥글게 변한다.

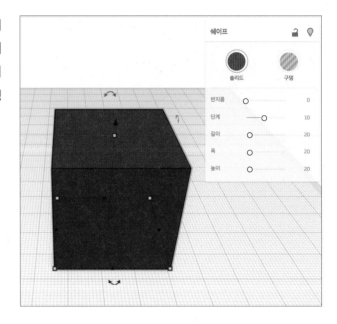

02 반지름(Radius) 기능은 특정 모서리만 선택하여 둥글게 할 수 없고 모든 모서리가 동시에 같은 값으로 둥글게 변한다.

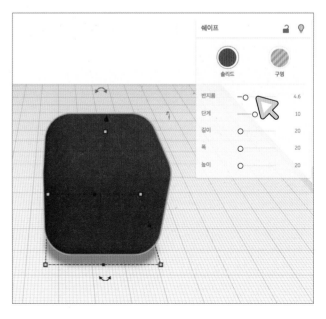

🔷 모서리를 둥글게 만들 구멍 도형 만들기

O1 상자 도형과 원통 구멍 도형을 이용하여 모서리를 둥글게 만들어 줄 구멍 도형을 만든다.

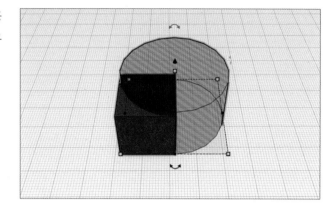

O2 그룹이 된 도형을 다시 상단에 **"구멍"**을 클릭하여 빈투명한 구밍 도형으로 만든다.

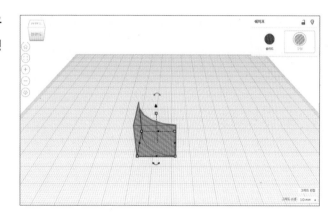

O3 둥글게 만들고 싶은 모서리에 앞서 만든 구멍 도형을 갖다 놓는다. 여러 모서리에 작업하고 싶다면 복사해서 사용한다. 도형을 모두 선택하고 그룹을 만든다. 하나의 모서리만 둥글게 만들었다.

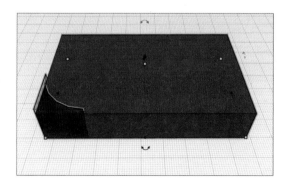

6 셀처럼 만들기

틴커캐드에는 다른 모델링 프로그램에서 많이 사용되는 일정 두께만 남기고 속을 비우게 하는 셀 (Shell) 기능이 없다. 틴커캐드의 기본 기능을 활용하여 셀처럼 모양을 만드는 방법을 알아본다.

01 셀 도형을 만들고 싶은 모양을 스케치 평면 위에 가져온다. 도형을 선택하고 Ctrl + D 를 누른다. Ctrl + D 는 복제 기능으로 같은 자리에 같은 크기의 도형이 하나 더 생긴다. Ctrl + D 는 뒷장에서 더 자세히 설명한다.

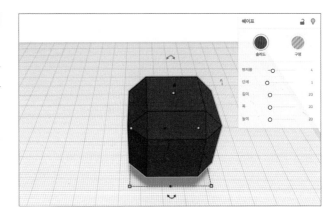

02 하나 더 생긴 도형은 구멍 도형으로 변환한다. 같은 크기의 빨간 도형과 구멍 도형이 같은 자리에 겹쳐서 보인다.

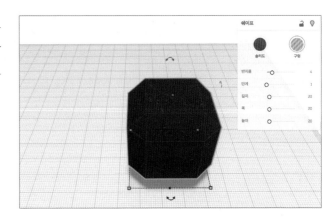

03 구멍 도형을 Shift + Alt 를 누르고 크기를 축소한다. Shift 는 도형의 크기를 같은 비율로 확대, 축소하게 만들어 주고, Alt 는 도형의 가운데 위치를 고정하게 해준다. 구멍 도형이 빨간 도형보다 작아진 채로 안으로 들어간다.

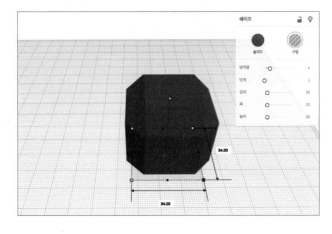

04 안으로 들어간 작은 구멍 도형을 보기 위에 바깥의 빨간 도형을 **"투명"**으로 선택한다.

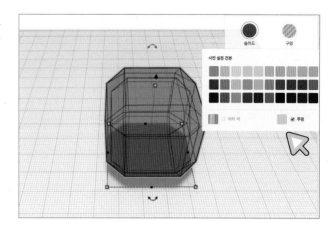

05 두 도형을 선택하여 정렬한다. X, Y, Z축 모두 가운데 정렬을 한다.

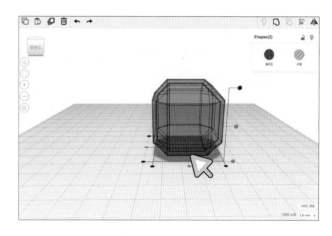

06 두 도형을 그룹으로 만들어 안쪽에 구멍이 뚫린 도형을 만든다.

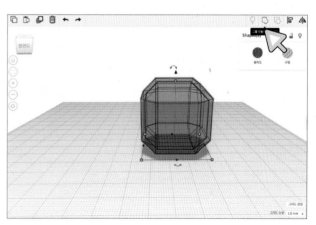

07 위에 일정 부분 제거하고 싶은 높이에 네모난 구멍 도형을 올려둔다. 도형을 전체 선택하여 그룹을 만든다. **"투명"**을 해제하고 다시 빨간색 도형으로 보이게 한다.

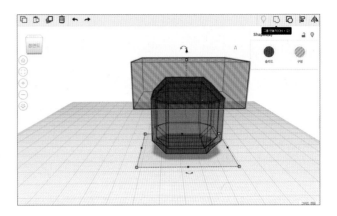

08 일정한 두께만 남기고 안이 파인 그릇 모양의 형상만 남았다. 이처럼 구멍 도형을 정확한 위치에 두어 셸처럼 일정 두께의 도형만 남긴 모양을 만들 수 있다.

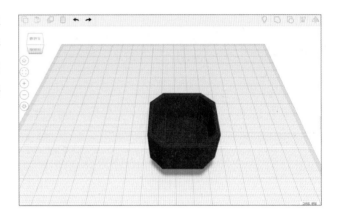

7 패턴 만들기 (Ctrl+D, 복제 (Duplicate))

틴커캐드에서 다은쌤이 가장 좋아하는 기능이다. 도형을 복사할 뿐만 아니라 앞서 사용자가 했던 명령까지 복제함으로써 반복적으로 패턴화하는 모델링에 응용하는 기능이다.

같은 간격으로 나란히 패턴

01 같은 간격으로 만들 도형을 스케치 평면 위에 놓고 Ctrl+D를 누른다. 같은 자리에 같은 크기의 도형이 하나 더 생겼다.

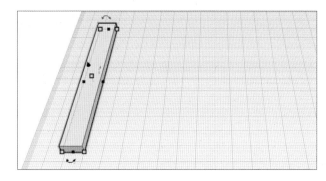

02 하나를 선택하여 옆으로 조금 이동한다. Shift를 누른 채로 도형을 움직이면 도형이 일직선 상으로 이동한다.

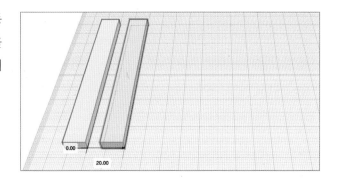

03 Ctrl+D를 반복적으로 눌러준다. 도형을 복사하는 것뿐만 아니라 앞서 도형을 이동했던 명령까지 반복되면서 같은 간격으로 나란히 있는 형태로 도형이 만들어진다.

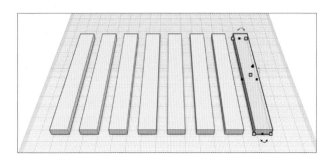

아하!

Ctrl+D 기능을 사용할 때 중간에 다른 것을 클릭하면 저장된 정보가 사라져 복제를 반복할 수 없다.

◈ 회전 패턴

O1 원형 회전 패턴을 만들 도형을 하나
스케치 평면 위에 놓고 Ctrl + D 를
누른다. 같은 자리에 같은 크기의 도
형이 하나 더 생겼다.

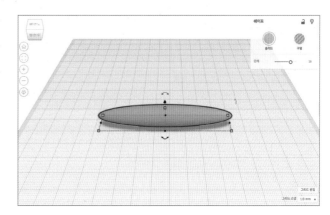

O2 하나를 선택하여 도형 옆의 검은색
둥근 화살표를 이용하여 22.5°를 회
전시킨다. 도형을 회전하는 방법은
39p에서 자세히 설명하고 있다.

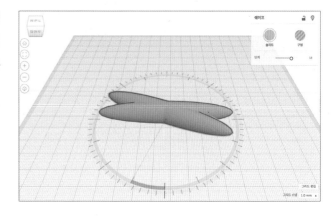

O3 Ctrl + D 를 반복적으로 눌러준다.
도형을 복사하는 것뿐만 아니라 앞
서 도형을 회전했던 명령까지 반복
되면서 같은 각도로 회전하면서 회
전 패턴이 만들어진다.

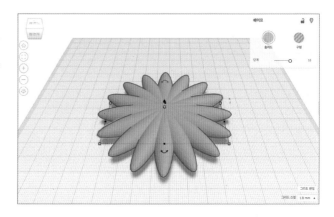

🧊 응용 패턴 1

그룹으로 묶인 도형과 여러 명령어를 동시에 복제하여 패턴 만들기를 응용해본다.

O1 패턴을 만들 도형을 하나 만든다. 도형이 여러 개일 경우 미리 그룹하여 하나의 덩어리로 만든다. 도형을 선택하고 Ctrl+D를 누른다.

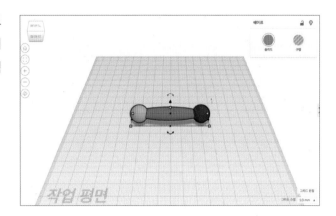

O2 같은 자리에 복사된 같은 모양의 도형을 검은색 화살표를 이용하여 위로 조금 올린다.

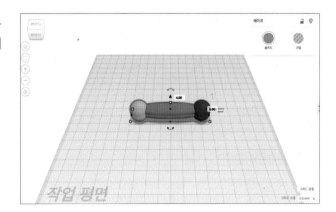

O3 그 도형을 다시 10° 회전시킨다. 여기서 주의할 점은 다른 도형이나 기능을 클릭하지 않고 작업을 이어서 한다는 점이다.

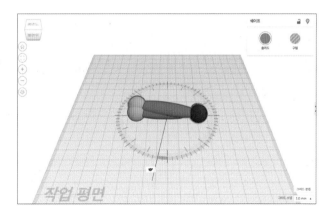

O4 Ctrl+D를 반복해서 눌러준다. 도형의 복사뿐만 아니라, 도형을 위로 옮긴 명령과 10° 회전한 명령까지 복제된다.

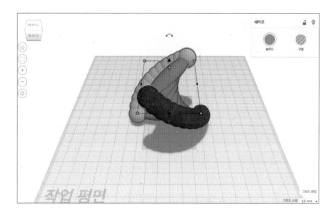

O5 어디서 많이 본듯한 DNA 모양을 Ctrl+D를 활용한 패턴으로 만들어 보았다. 틴커캐드는 웹에서 모델링 작업이 이루어지기 때문에 너무 빠르게 Ctrl+D를 누르면 버퍼링이 걸릴 수 있으니 주의한다.

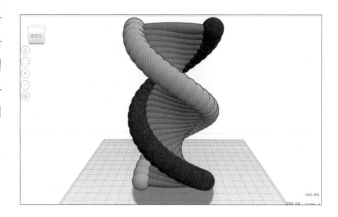

🔷 응용 패턴 2

앞선 회전 패턴 응용 패턴을 함께 활용해본다.

O1 회전 패턴의 모양을 만든 후 각각의 색상을 다양하게 선택한다. 복제된 각각의 도형을 하나의 그룹으로 만들고, 선택된 여러 색이 다 표현되게 '여러 색'을 체크한다.

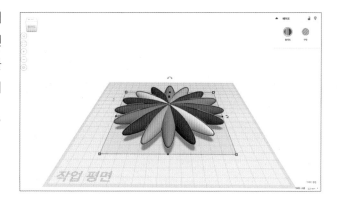

02 그룹이 된 도형을 선택하고 Ctrl +
D 를 눌러준다. DNA 패턴을 만들었
던 방법과 마찬가지로, 복제된 도형
을 Z축 방향으로 위로 조금 올리고
22.5°를 회전시킨다.

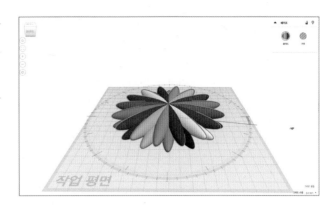

03 키보드의 Shift + Alt 를 누른 상태
로 크기를 조금 줄여준다. Shift 는
도형의 비율을 유지하는 기능을
Alt 는 도형의 중심 위치를 고정하
는 기능을 한다.

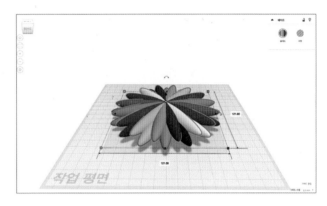

04 Ctrl + D 를 반복해서 눌러준다. 도형
의 복사뿐만 위치 이동, 회전, 크기
에 대한 명령까지 함께 복제된다. 특
히 다양하게 골라 놓은 색 때문에
예술적인 모양을 쉽게 만들 수 있다.

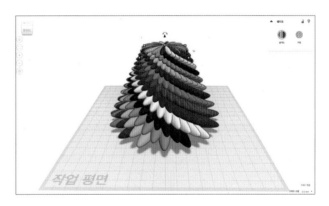

8 모델링 파일 가져오기 (Import, stl)

다른 모델링 파일을 틴커캐드로 가져와서 간단하게 수정을 해본다.

01 상단 작업 메뉴 오른쪽에 위치한 **"가져오기"**를 클릭한다.

02 가져올 파일을 선택한다. **"가져오기"**를 통해 불러올 수 있는 파일의 형식은 **"stl, obj, svg"** 파일이다. 파일을 불러올 수 있는 크기는 25MB로 제한한다. 용량이 큰 파일은 틴커캐드로 가져오는데 시간이 걸릴 수 있다. 축적이 100일 때는 원본 파일의 크기 그대로를 가져오는 것이다. 틴커캐드의 기본 작업 평면의 크기는 200mm×200mm이다. 아래 치수를 확인하고 원본 파일의 크기가 너무 큰 경우 축적을 70, 50 등으로 줄인 후 파일을 가져온다.

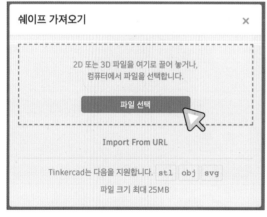

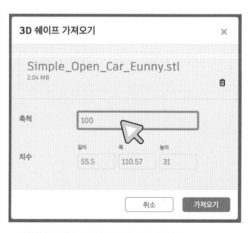

파일을 가져오는 동안은 왼쪽 하단에 **"가져오는 중…"**이라는 메시지가 나타난다.

O3 가져오기를 통해 틴커캐드로 불러온 "**.stl**" 파일은 모델링된 최종 외형 모양만 있는 파일이다. 즉, 모델링을 만든 과정이 저장되어 있지 않으며 특정 모양이 부분부분 떨어지지도 않는다.

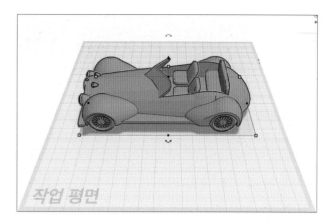

O4 틴커캐드의 도형들을 이용하여 가져온 모델링을 수정할 수 있다. 별 모양과 글자를 원래 모델링에 덧붙였다. 뒤쪽에는 구멍을 추가로 뚫었다.

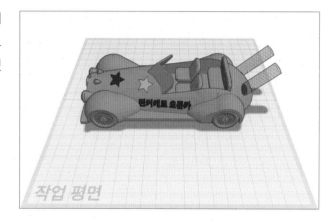

O5 수정된 파일을 다시 "**내보내기(Ex-port)**"를 통하여 틴커캐드에서 모양이 수정된 "**.stl**" 파일로 만들 수 있다. "**내보내기(Export)**"에 대한 설명은 55p에 자세히 설명되어 있다.

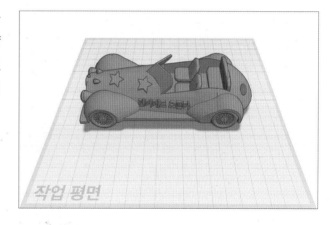

🔆 **아하!**

"www.thingiverse.com"은 인터넷을 통하여 다양한 모델링 파일을 공유하는 대표 사이트이다. 공유 사이트에서 다른 사람의 모델링 파일을 받아 수정할 수 있다. 하지만 파일을 가져올 때 원작자가 걸어 놓은 저작권 라이센스를 확인하고 사용한다.

9 그림 파일 모델링 만들기 (Import, svg)

틴커캐드에서 "가져오기(Import)"를 통해 불러올 수 있는 파일의 형식은 모델링 파일 ".stl"과 ".obj"를 제외하고 "svg" 파일을 불러올 수 있다. "svg" 파일은 2D 형식의 벡터 그림 파일로 일러스트레이터와 같은 2D 작업 프로그램에서 만들 수 있다. 오픈 2D 작업 프로그램인 잉크스케이프, 구글 드로잉 등에서도 작업할 수 있다. 또는 기존에 가지고 있는 그림 파일(jpg, png)을 변환하여 "svg" 파일을 만들 수도 있다. 그림 파일을 "svg" 파일로 만들어 틴커캐드에서 모델링으로 작업하는 방법을 소개한다.

01 구글에서 이미지 검색을 통해 모델링을 만들 이미지를 찾아본다. 아니면 기존에 가지고 있는 이미지를 사용해도 된다.

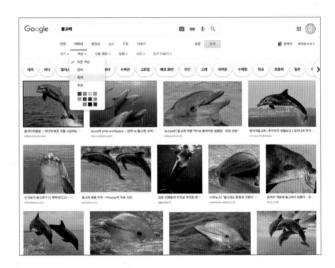

02 이미지 파일을 활용하여 "svg" 파일로 변환할 때에는 흑과 백이 명확한 그림을 추천한다. 구글 검색에서 '도구'를 누르고 색상을 '흑백'으로 설정하면 흑백의 이미지만 찾을 수 있다.

 아하!

사용 목적에 따라 저작권을 확인하고 이미지를 찾아 다운로드한다.

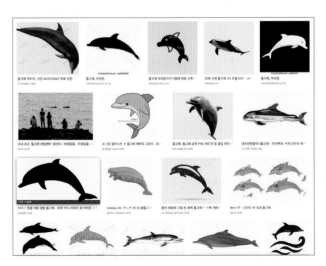

03 그림 파일(jpg, png)을 **"svg"** 파일로 변환할 수 있는 온라인 사이트에 접속한다. 주소는 **"picsvg.com"**이다.

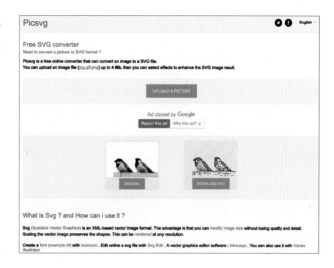

04 **"UPLOAD A PICTURE"**를 클릭한다. 변환하고 싶은 그림 파일을 등록한다. 아래에 업로드한 그림 파일과 변환될 **"svg"** 파일이 보인다.

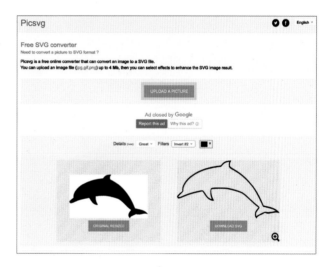

05 필터를 변경해 다양한 모양의 **"svg"** 파일 형태를 확인한다. 자신이 원하는 형태의 필터를 선택하고 **"DOWNLOAD SVG"**를 클릭한다. 자신이 업로드한 그림 파일이 **"svg"** 파일로 변환되어 다운로드된다.

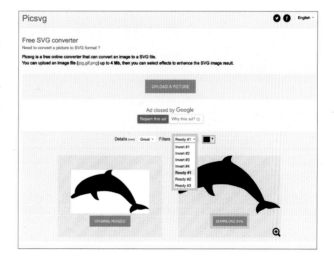

O6 틴커캐드에서 가져오기를 누른다. **"svg"** 파일로 변환된 파일을 틴커캐드에서 가져온다. 그림의 크기에 따라 모델링 파일이 너무 크게 만들어질 수 있다. 축적을 100보다 작은 수를 입력하여 적당한 크기로 불러온다.

O7 그림 파일을 **"svg"** 파일로 변환하고, **"svg"** 파일을 틴커캐드로 가져와 모델링으로 활용하였다. 돌고래를 구멍 도형으로 바꾸어 구멍을 뚫을 수도 있다. 그림 파일을 이용하여 틴커캐드 모델링에 자유롭게 응용해 본다.

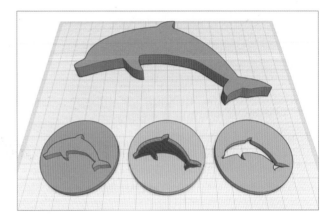

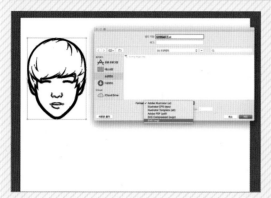

일러스트레이터, 잉크스케이프 등 그림을 그리는 프로그램을 사용하여 "svg" 형태의 파일을 직접 만들어 틴커캐드 모델링에 사용할 수도 있다.

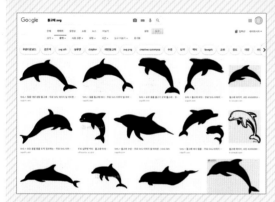

자료 검색 시 '돌고래 svg'를 입력하여 공유 중인 "svg" 파일을 다운받을 수도 있다. "svg"를 공유하는 대표적인 사이트로는 "thenounproject.com"이 있다.

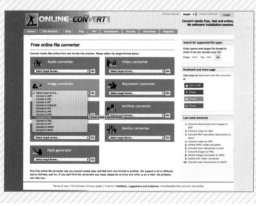

그림 파일을 다양한 형태의 파일로 변환해주는 다른 사이트로 "www.online-convert.com"이 있다. "picsvg.com" 사이트에서 변환이 잘 안 되는 경우, 이 사이트를 활용해본다.

10 다양한 한글 모델링, 궁서체는 어떻게?

한글의 그림 파일을 만들어 svg로 변환하는 방법

틴커캐드에서 제공되지 않는 글꼴로 한글의 모델링을 만들고 싶다면 80p에서 배운 그림을 모델링 파일로 만드는 방법을 응용해본다.

01 PPT, 그림판 등 자신이 이용하기 편한 프로그램을 이용하여 한글이 쓰인 그림 파일을 만든다.

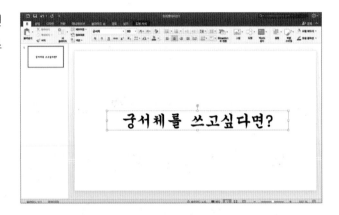

02 PPT의 경우 글 상자를 선택하고 마우스 오른쪽 버튼을 클릭하면 "**그림으로 저장**"이라는 기능이 나온다. 글자의 그림 파일이 생기면 "**svg**" 형식의 파일로 만든다.

03 "**가져오기**"를 통하여 변환된 "**svg**" 파일을 가져와 틴커캐드에 궁서체의 한글 모델링을 만들었다.

아하!

글자를 그림 파일로 변환하여 모델링에 응용할 때는 글자가 크고 굵어야 잘 표현이 된다. 너무 얇은 글꼴은 잘 나타나지 않으니 주의한다.

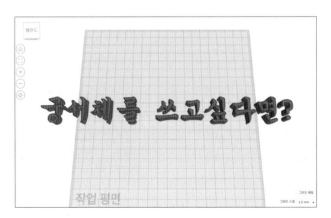

🎲 구글 드로잉을 활용하는 방법

다양한 한글 글꼴을 틴커캐드의 모델링으로 활용하는 두 번째 방법은 '구글 드로잉'을 활용하는 것이다.

01 구글 드로잉을 시작한다. 필요한 내용을 입력하고 원하는 글꼴을 선택한다. 역시 선명한 글자 모델링을 만들기 위해서 크기를 키우고 두꺼운 글자를 선택한다.

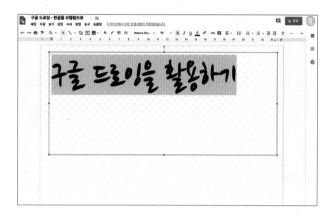

02 상단 메뉴의 [파일]−[다른 이름으로 다운로드]−[스케일러블 벡터 그래픽(.svg)]을 선택한다. 구글 드로잉에서 만든 파일이 "svg" 파일 형태로 다운로드된다.

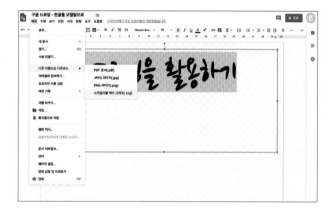

03 틴커캐드의 "가져오기"를 선택하여 구글 드로잉으로 만든 "svg" 파일을 가져온다. 구글 드로잉을 활용하여 다양한 모델링을 응용할 수 있다.

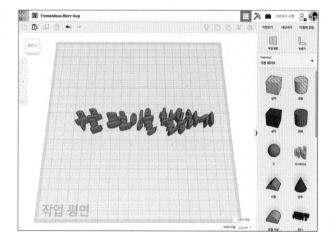

11 모델링 공유와 검색

틴커캐드는 웹에서 작업이 이루어지고 있다. 그래서 틴커캐드 안에서 만든 파일들을 다른 사용자들과 함께 공유할 수 있다.

🎲 내 파일 공유하기 - 모델링 작업 화면에서

01 작업 화면 최상단의 파일 이름 옆에 **"목록"** 아이콘을 클릭한다.

02 현재 작업 중인 파일과 이전에 작업했던 파일들이 나타난다. 파일명의 가장 오른쪽에 **"톱니바퀴"** 아이콘을 클릭한다.

03 개인을 **"공용"**으로 체크하면 만든 모델링 파일이 틴커캐드 사용자들에게 공유된다. 틴커캐드 사용자는 대시보드에서 파일명을 검색하여 찾아볼 수 있다.

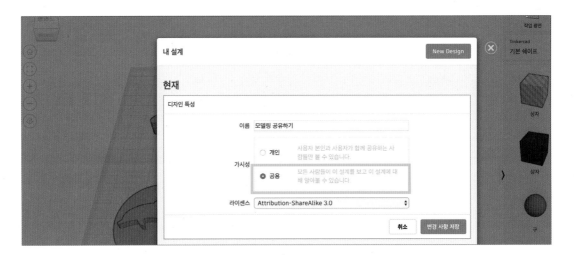

🔷 내 파일 공유하기 - 대시보드에서

01 대시보드에서도 공유하기를 설정할 수 있다. 대시보드에서 작업한 모델링 파일의 오른쪽 모서리 톱니바퀴를 클릭한다.

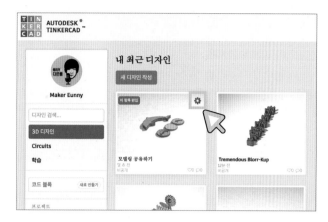

02 "특성"을 클릭한다. 모델링 파일 이름, 공유 설정 등을 할 수 있다.

03 개인 정보 보호를 "private"에서 "public"을 바꾸면 모델링 파일을 공유할 수 있다. 모델링 파일을 공유할 때 표기할 CC 라이센스를 선택할 수 있다.

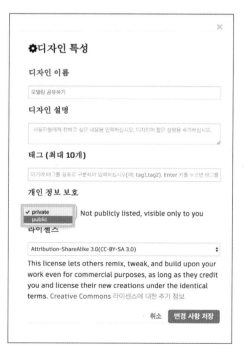

🎲 모델링 검색 - 내 파일에서

대시보드에서 왼쪽의 사용자 얼굴 밑에 '디자인 검색...' 창이 있다. 이 창에서의 디자인 검색은 자신이 만들어 놓은 작업 파일 내에서 디자인을 검색한다.

🎲 모델링 검색 - 틴커캐드 사용자에서

01 자신의 모델링 파일 말고 다른 사용자가 검색한 모델링 파일을 검색하기 위해서는 검색 화면으로 이동해야 한다. 대시보드 화면에서 오른쪽 상단의 '돋보기' 아이콘을 눌러 검색 화면으로 이동한다.

02 검색 창에 파일의 이름 또는 사용자의 이름을 넣는다. 친구들과 파일을 공유할 때는 사용자가 찾기 쉬운 이름으로 정하는 것이 좋다. 그래야 검색 창에 이름을 넣었을 때 찾기가 쉽다. 자신이 공유한 모델링 파일도 검색하면 나타난다.

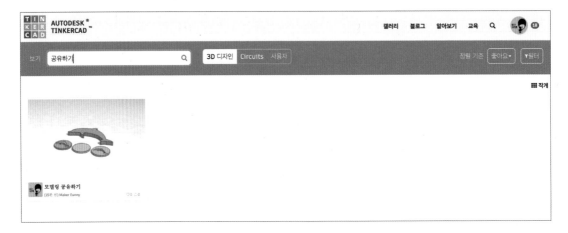

03 틴커캐드는 영어권 국가의 사용자가 가장 많다. 그래서 한국어보다 영어로 검색어를 입력해본다. 틴커캐드를 사용하는 전 세계 사람들이 만들어 놓은 다양한 모델링을 구경할 수 있다.

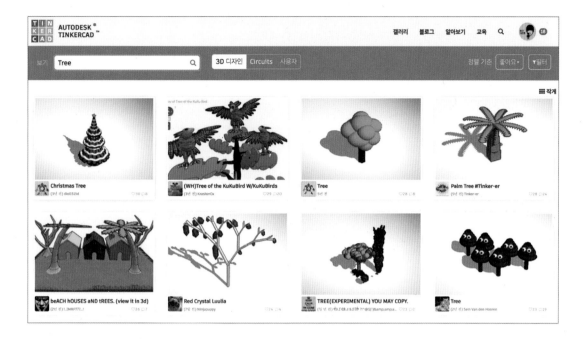

04 다른 사용자의 모델링 파일을 가져와 수정할 수도 있다. 마음에 드는 모델링을 선택한다. '복사하여 편집'을 클릭한다.

05 다른 사용자가 만든 모델링 파일을 나의 파일로 복사해서 가져왔다. 모델링을 원하는 모양으로 수정해본다. 다른 사람을 작품을 매번 가져오기보다는, 자신이 만든 작품도 공유해본다.

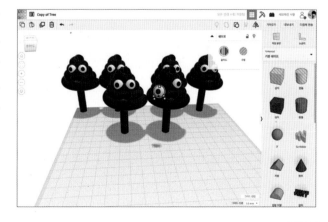

12. 모델링을 응용하는 다양한 기능들

틴커캐드에서 제공해주는 다양한 기능들을 소개한다. 작업 화면에서 오른쪽 모서리에 있는 마인크래프트와 레고 기능을 소개한다.

마인크래프트

01 틴커캐드를 이용하여 그리스 신전 모양을 만들어 보았다. 화면에서 오른쪽 상단의 곡괭이 모양의 아이콘을 클릭해본다.

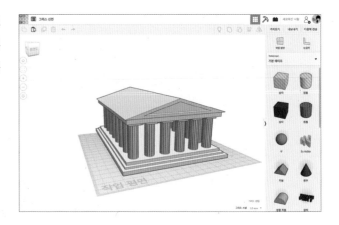

02 마인크래프트 게임처럼 모델링이 벽돌로 표현되었다. 벽돌의 크기는 3단계로 바꿔서 볼 수 있다.

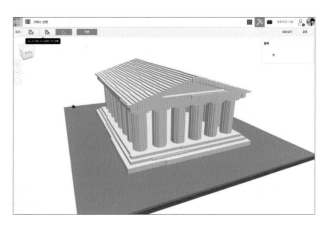

O3 색을 통하여 벽돌의 성질을 정할 수
도 있다. 오른쪽 상단의 **"내보내기"**
를 클릭하면, 마인크래프트에서 불
러올 수 있는 파일로 다운로드된다.

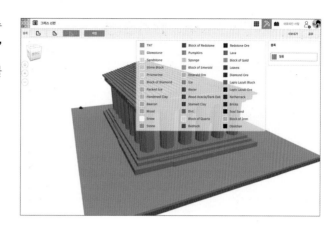

🎲 레고

O1 모델링을 레고로 표현을 해본다. 화
면 오른쪽 상단의 블록 모양의 아이
콘을 클릭해본다. 모델링으로 만든
그리스 신전이 레고로 표현되었다.
역시 3단계 크기의 레고 블록으로 표
현된다.

O2 레이어를 누르면 블록의 높이별로
화면을 볼 수 있다. 참고하여 레고로
모델을 직접 만들어 보아도 좋다.

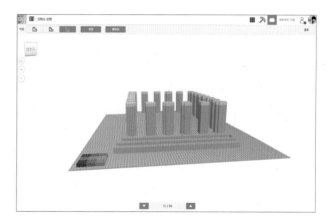

🔷 틴커캐드와 Fusion 360 연동

O1 틴커캐드에서 작업한 모델링을 Fu-sion 360으로 가져가는 방법을 알아본다. 우선 틴커캐드로 에펠탑을 만들었다. 에펠탑을 만드는 방법은 Part 03 응용하기에서 자세히 소개한다. 오른쪽 상단의 '다음에 전송'을 클릭한다.

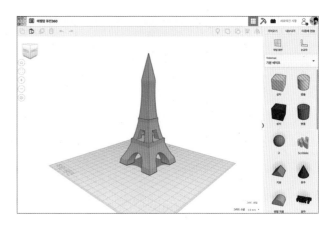

O2 그럼 다음과 같은 창이 뜬다. Autodesk Fusion 360을 클릭한다.

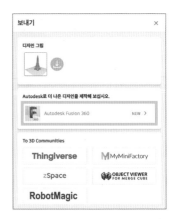

O3 'Open in Fusion'을 선택하면 틴커캐드에서 모델링한 작업이 Fusion 360에서 열리게 된다. 그 전에 컴퓨터에는 우선 Fusion 360이 설치되어 있어야 하며, 프로그램도 미리 실행시켜 놓는 것이 좋다.

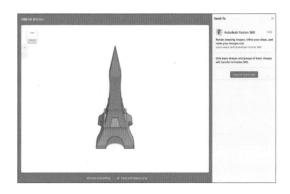

🔆 아하!

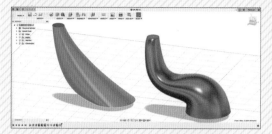

Fusion 360은 틴커캐드를 개발하는 같은 Autodesk사의 프로그램이다. 전문가 프로그램으로 틴커캐드보다 더 다양한 기능을 제공하고 있다.

틴커캐드는 사용자에 따라 유료 또는 무료로 사용 가능하다. 학생의 경우 3년간 무료로 사용할 수 있다.

다은쌤의 유튜브에도 Fusion360에 관한 영상이 있다. 모델링을 전문적으로 사용하고 싶다면 참고해보면 좋다

https://goo.gl/7AGsBD

🔆 아하!

틴커캐드에 없는 질감은 입히는 랜더링, 모서리를 선택적으로 필렛, 챔버 등 다양한 기능을 Fusion 360에서 할 수 있다.

이 책에서 다 설명하지 못한 내용은 '다은쌤과 다니엘의 Tinkercad x Fusion 360' 유튜브 영상에서 자세히 볼 수 있다.

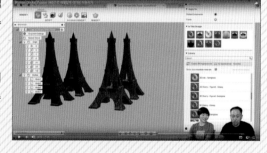

https://bit.ly/2EMzJR2

|13 틴커캐드에 들어오는 다양한 기능들

틴커캐드는 웹에서 하는 3D 모델링을 기반으로 시작하였으나 현재는 다양한 기능들이 추가되고 있다. 대표적으로 회로를 설계하는 "Circuits"와 "코드 블록"이다. 대시보드 화면에서 왼쪽의 다양한 기능 메뉴를 클릭해본다. 이 책에서는 간단하게 소개한다.

코드 블록

O1 코딩을 통하여 모델링을 만드는 작업이다. 스터디에 올라와 있는 예제 파일을 열어 어떻게 작동되는지 먼저 살펴본다.

O2 왼쪽에는 블록형 코드들이 나열되어 있다. 상단의 삼각형 '플레이' 버튼을 클릭하면 순차적으로 명령에 따라 모델링이 만들어진다.

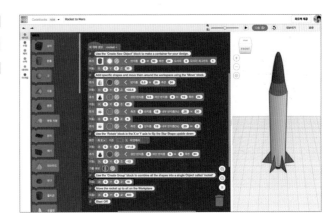

🔧 회로 설계하기 (Circuits)

3D 디자인 밑에 있는 Circuits은 회로를 구성해볼 수 있다.

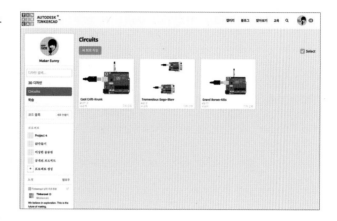

01 '새 회로 작성'을 들어간다. 오른쪽에는 회로 구성에 필요한 다양한 전자 부품들이 아이콘으로 나타나 있다. 모델링할 때처럼 중앙의 화면으로 필요한 부품을 가져온다. 클릭하여 아두이노 보드와 LED를 연결할 수 있다.

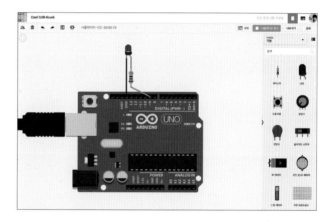

02 스크레치와 같은 블록 코딩, 문자를 직접 작성하여 코딩을 할 수 있다. 아두이노나 부품이 없어도 가상으로 연결, 코딩을 통하여 작동 여부를 확인할 수 있다. 메이커에게는 활용도가 높다.

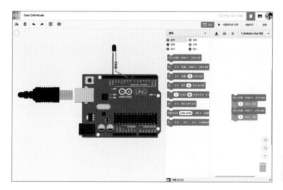 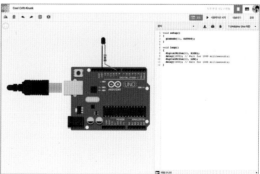

응용하기

앞서 배운 틴커캐드의 기능을 이용하여 다양한 모델링에 응용해본다.
만드는 과정을 먼저 보기 전에 앞에 나타난 완성된 모양을 보면서
어떻게 만들었는지 생각해본다.
모델링을 만들 때 정해진 순서와 정답은 없다.
생각한 모양을 그대로 표현할 수 있다면 그것으로 충분하다.

1 로켓 만들기

🎲 45°씩 날개를 배치하려면 어떻게 하나요?

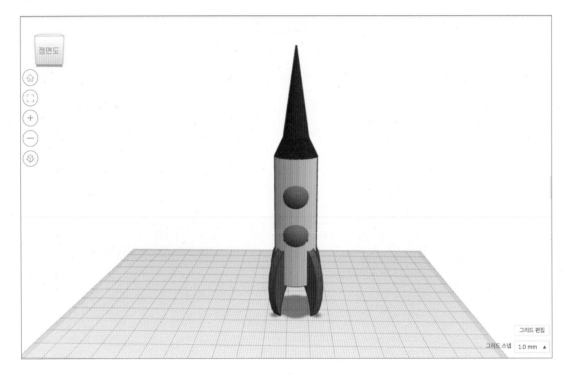

기본 도형만을 이용해서 로켓을 만들어 본다. 색상과 크기에 상관없이 자유롭게 로켓을 모델링 해본다. 로켓 만들기에서는 로켓의 날개를 어떻게 45°씩 나열했는지 방법을 소개한다.

🔷 로켓의 머리

01 로켓 머리 부분을 먼저 만들어 본다. 기본 쉐이프에서 원추 2개를 가져온다. 하나는 바닥이 좁고 더 길쭉한 원뿔로 모양을 바꾼다.

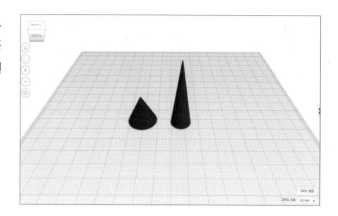

02 두 도형을 선택하고 **"정렬(Align)"** 기능을 실행한다.

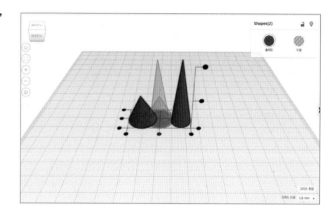

03 2개의 원뿔을 가운데 정렬하였다. 도형을 옮기다가 정렬이 틀어질 수 있음으로 가운데 정렬을 맞춘 도형들은 그룹을 만들어 하나로 묶는다.

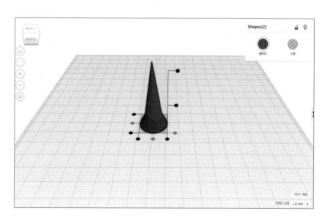

◈ "작업 평면"을 이용하여 로켓 머리 올리기

01 원기둥을 이용해 로켓의 몸통을 만든다.

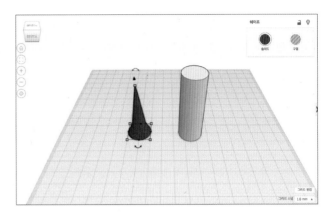

02 로켓의 머리를 몸통 위에 올리려 한다. 먼저 그룹으로 묶인 로켓의 머리는 Ctrl+C로 복사를 한다. 작업 메뉴에서 **"작업 평면"**을 실행하고 로켓 몸통의 윗면을 클릭한다.

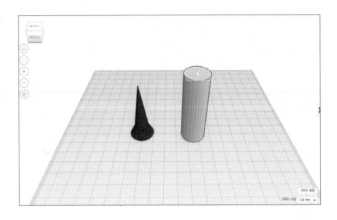

03 주황색의 임시 작업 평면이 생겼다. Ctrl+V를 눌러 복사해 둔 로켓의 머리가 원기둥 위에 올라갔다. **"작업 평면"**을 누르고 바닥을 클릭하여 다시 하늘색 기준 평면으로 나온다. 로켓의 머리와 몸통도 정렬하고 하나의 그룹으로 만든다.

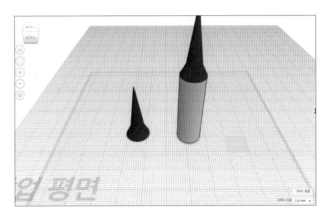

🎲 로켓의 날개

O1 원기둥을 가져와 납작하고 길쭉한 타원형의 모양으로 만든다.

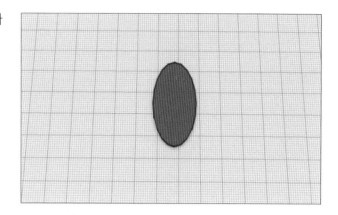

O2 상자와 원통의 구멍 도형을 가져와 타원형의 반을 자르고 밑을 둥글게 자를 수 있게 그림과 같이 놓는다.

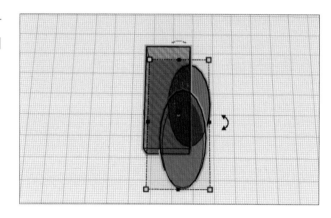

O3 그룹을 만들어 기준 작업 평면 바닥에 하나의 로켓 날개를 만들었다.

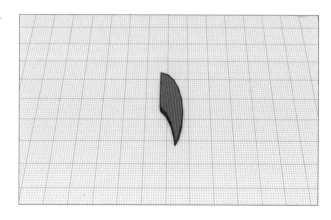

🎲 날개의 배치

O1 만들어진 로켓 날개를 복사, 붙여넣기
하여 하나를 더 만든다.

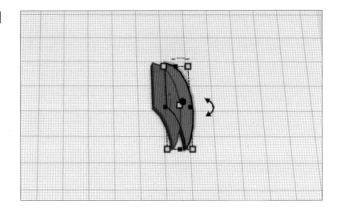

O2 작업 메뉴의 **"반전(Flip)"**을 이용해
한쪽 날개를 좌우 대칭한 모형으로
뒤집는다.

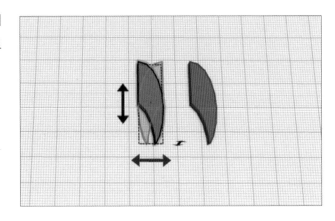

O3 마주보고 대칭된 2개의 날개를 하나
의 그룹으로 만든다.

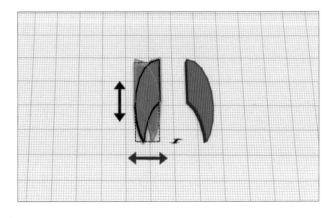

O4 그룹으로 묶인 날개를 로켓 하단으로 가져간다. 바닥에 누워있는 날개를 회전시켜 수직으로 세운다.

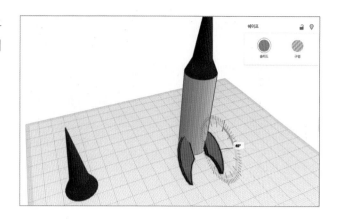

O5 로켓의 몸통을 Z축 방향으로 위로 올린다. 날개도 Z축 방향으로 위로 올린다.

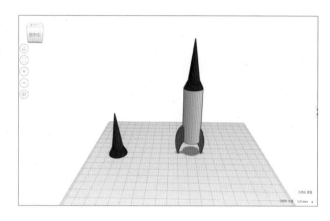

O6 날개와 로켓의 몸통을 가운데 정렬한다.

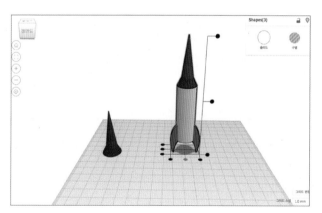

07 로켓의 몸통 가운데 날개의 위치가 잡혔다. 날개를 Ctrl+D를 눌러 복제를 한다. 같은 위치에 같은 날개가 복제되었다.

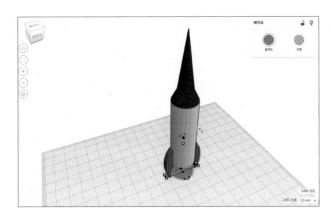

08 복제된 날개를 45° 회전한다.

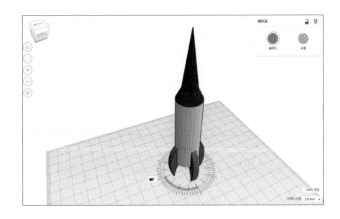

09 4개의 날개를 정확하게 45°씩 위치하게 만들었다. 만약 날개 하나하나를 각각 움직여서 45°로 배치를 하려고 하면 매우 손이 많이 간다. 모델링을 쉽게 하기 위해서 필요 시 그룹을 만들어서 이동하면 좋다.

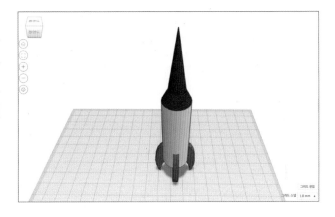

🪐 로켓의 창문

01 구 도형을 이용해 로켓의 창문을 만들어 준다. 적당한 크기의 구를 만든 후 로켓의 알맞은 곳에 위치를 잡아 준다. 마우스와 키보드를 활용해서 도형을 움직인다.

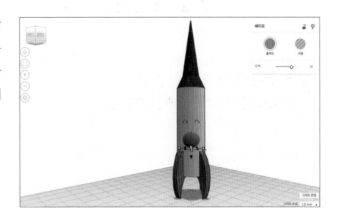

02 하나의 창문이 만들어졌으면 Ctrl +D를 하여 도형을 복제한다. 복제된 구 도형을 Z축으로 위로 올려준다. 그러면 일직선상에 같은 크기의 창문을 만들 수 있다.

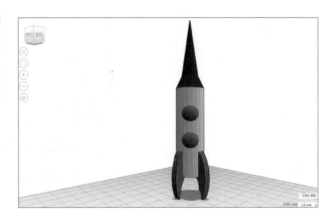

03 로켓이 완성되었다. 로켓 주변에 다양한 모양으로 자유롭게 우주를 표현해본다.

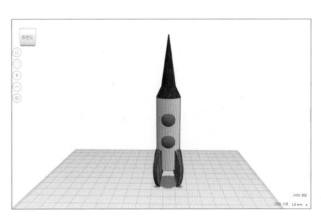

둥근 창문을 어떻게 만드나요?
알파벳을 도형으로 활용한다면?

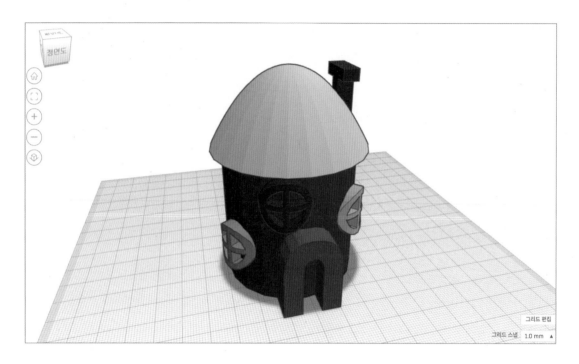

기본 도형과 알파벳을 이용하여 집 모양을 만들어 본다. 구멍 도형을 자유롭게 만들고 활용하여 다양한 모양을 만들어 본다. 또한, 알파벳을 도형으로 활용하여 모델링에 응용해본다.

🧊 기본 창문

01 튜브를 가져온다. 창문의 외각 둥근 틀로 만들 것이다.

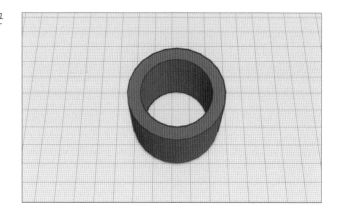

02 상자 도형을 얇고 길게 만든다. 튜브에 십자가 모양으로 위치하게 한다.

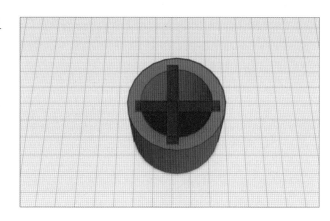

03 모든 도형을 선택하여 가운데 정렬을 한다. 정렬이 완료된 도형들은 그룹을 만들어 하나의 도형으로 만든다. 창문의 기본 형태를 만들었다.

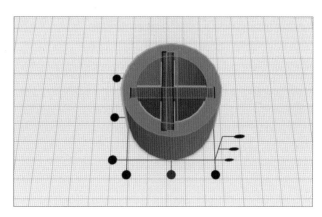

🔷 구멍 도형의 활용 – 둥근 창문

O1 상자와 원통 구멍 도형을 가져와 그
림과 같이 겹치게 놓는다.

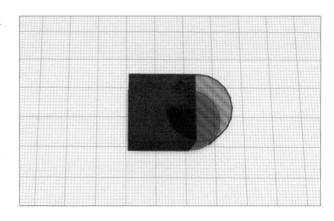

O2 두 도형의 그룹을 만든다. 상자의 한
쪽 변이 둥글게 안으로 파였다.

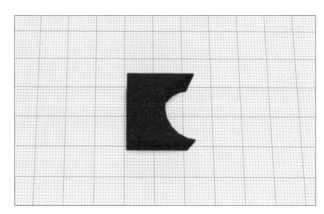

O3 도형을 회전하여 둥글게 파인 부분
이 아래로 향하게 만든다.

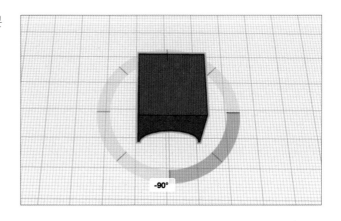

04 한쪽이 둥글게 파인 상자 도형을 구멍 도형으로 만든다. 크기와 위치를 조정하여 앞서 만든 기본 창문 그림과 같이 겹치게 놓는다.

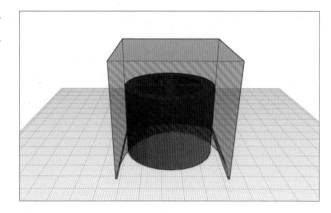

05 두 도형을 선택하고 정렬을 실행하여 가운데 정렬을 한다.

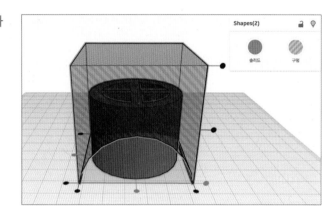

06 구멍 도형과 창문 도형을 그룹으로 만든다. 위쪽이 둥근 형태의 창문이 만들어졌다.

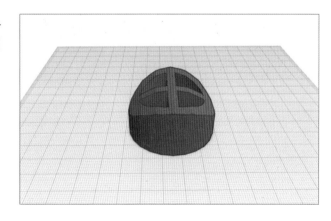

🏠 지붕 올리기

01 집의 몸체를 만들기 위해 원통 도형을 가져와 크기를 조정한다. 색상은 자유롭게 선택한다. 집에 지붕을 올리기 위해 작업 메뉴에서 **"작업 평면"**을 실행하고 윗면을 클릭한다.

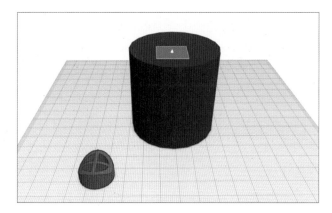

02 주황색의 임시 작업 평면이 설정되었다. 포물면 도형을 가져와 지붕처럼 보이게 크기를 조정한다.

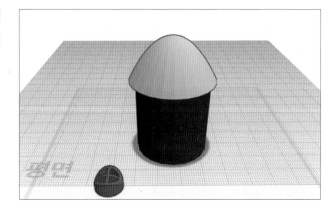

03 주황색의 임시 작업 평면은 종료하고 하늘색 작업 평면으로 돌아온다. 지붕과 몸통을 가운데 정렬하여 만들어 준다. 정렬된 집의 몸통과 지붕은 하나의 그룹으로 만들어 준다.

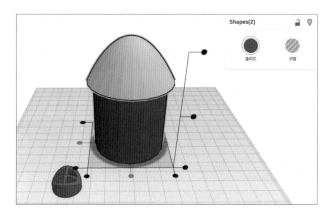

알파벳으로 문 만들기

01 "도형 메뉴"의 "기본 쉐이프"를 "문
자"로 바꿔준다. 알파벳 도형들이 나
온다. 알파벳 도형을 활용하면 다양
한 모양을 만들 수 있다.

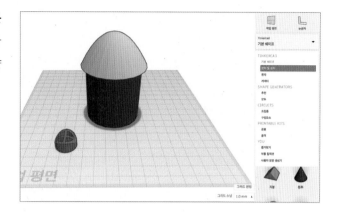

02 집의 문을 알파벳 U를 이용해서 만
들어 본다. 알파벳 U를 작업 평면으
로 가져온다.

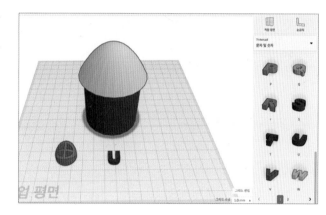

03 U를 뒤집고 크기와 위치를 조정하
여 집의 문을 만들어 준다.

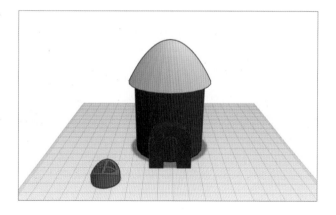

🧊 창문 붙이기

01 창문을 집에 붙여 본다. 먼저 창문을 선택하고 Ctrl+C로 복사한다. 작업 메뉴에서 **"작업 평면"**을 실행하고 창문을 붙이고 싶은 곳을 클릭하여 주황색의 임시 작업 평면을 만든다. 곡선면 위에는 클릭한 점을 기준으로 임시 작업 평면이 만들어진다.

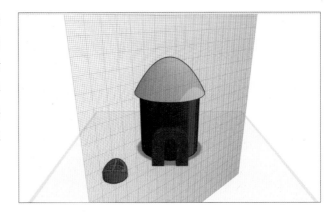

02 Ctrl+V를 눌러 복사해 둔 창문을 임시 작업 평면 위에 붙인다. 다시 하늘색 작업 평면으로 나온다. 마우스와 키보드를 이용하여 창문의 위치를 미세하게 조정한다.

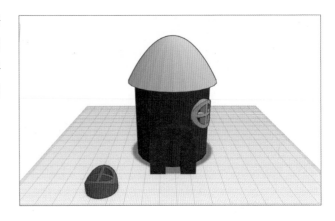

03 위와 같은 방법으로 둥근 창문은 원하는 면에 만들어 주고 색상도 변경해본다.

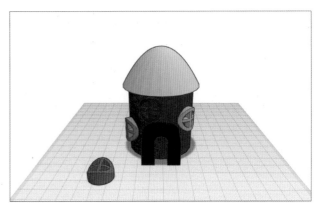

🎲 알파벳으로 굴뚝 만들기

01 알파벳 T를 이용하여 굴뚝을 만들어
본다.

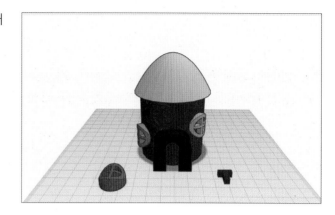

02 알파벳 T를 원하는 위치에 가져가서
굴뚝을 표현해보았다.

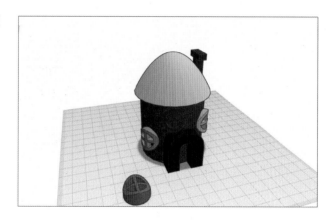

03 집이 완성되었다. 집 주변에 다양한
모양의 정원도 자유롭게 만들어 본다.

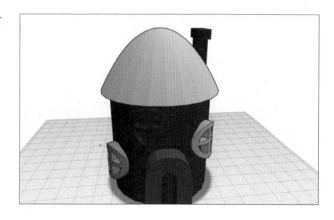

일정한 두께만 남기고 속을 비우려면 어떻게 하나요?
컵과 같은 굴곡의 둥근 표면의 글씨는 어떻게 만드나요?

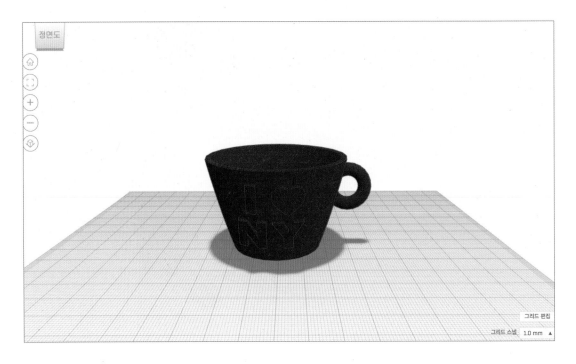

기본 도형을 응용하여 일정한 두께만 남겨 컵을 만들어 본다. 또한, 구멍 도형을 활용하여 컵의 곡면과 같은 굴곡으로 글자를 만들어 본다.

🎲 컵의 몸통 만들기

01 포물면을 작업 평면 위로 가져온다.
컵의 몸통 부분을 만드는데 사용할
것이다.

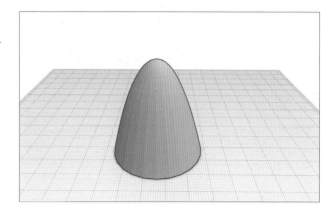

02 상자 모양의 구멍 도형을 포물면의
위에 놓는다.

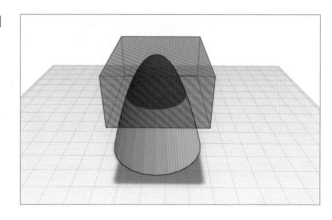

03 두 도형을 그룹으로 만든다. 포물면
의 윗면이 평평하게 만들어졌다.

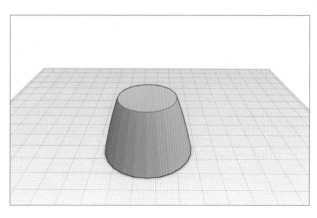

○4 잘려진 포물면을 180° 회전하여 작
은 면적이 아래로 향하게 한다.

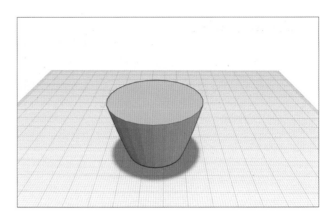

🎲 컵의 문구 도형 만들기

○1 컵의 표면에 만들고 싶은 문구를 도
형을 가져와 만든다. 다은쌤은 I, N, Y,
하트를 가져왔다.

○2 만들어진 문구는 하나의 그룹으로
만들어 준다.

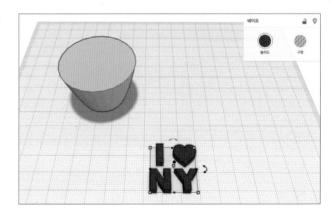

O3 그룹이 된 문구 도형의 높이를 높게
만든다.

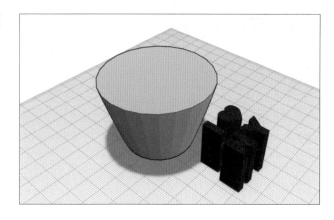

O4 180° 회전하여 도형을 세운다.

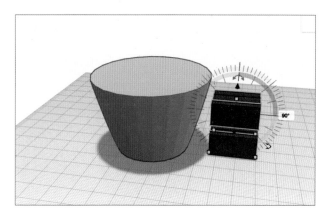

O5 문구 도형과 포물선의 컵 도형이 그
림과 같이 보이도록 위치를 조정한다.

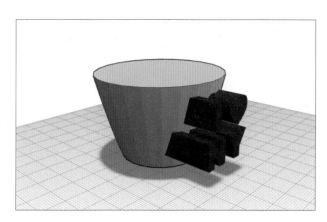

🔷 글씨 둥글게 자르기

01 글씨를 컵의 표면과 같은 둥근 모양으로 자르기 위해서는 새로운 모양의 구멍 도형을 만들어야 한다.

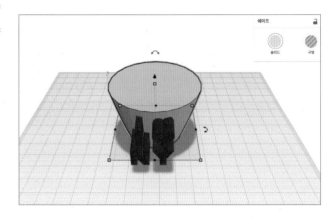

02 우선 포물면을 선택하고 Ctrl + D 를 눌러 복제한다.

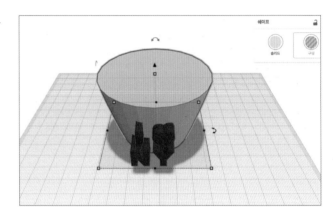

03 복제된 도형을 구멍 도형으로 바꾼다. Shift + Alt 를 누른 채로 구멍 도형의 크기를 크게 만든다. 도형의 비율을 그대로 유지하면서 중심 위치가 고정된 상태에서 도형이 커진다.

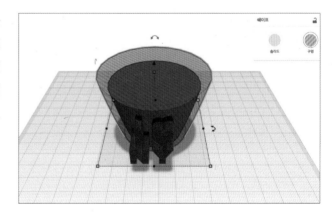

04 옆에 상자 도형을 가져와 크게 만든
다. 상자 도형은 가로와 세로는 홀
도형보다 크고 높이는 홀 도형보다
작으면 된다.

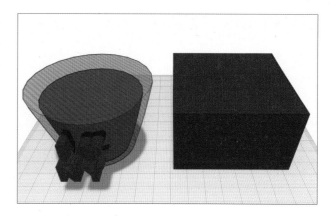

05 컵에 있던 홀 도형을 상자 도형으로
가져온다. 정렬을 실행하여 가운데
를 맞춰준다.

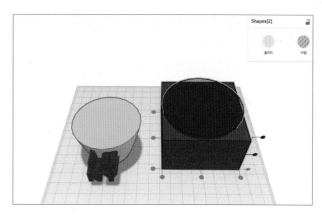

06 홀 도형과 상자 도형을 그룹으로 만
든다. 가운데가 뚫린 상자 도형이 만
들어졌다.

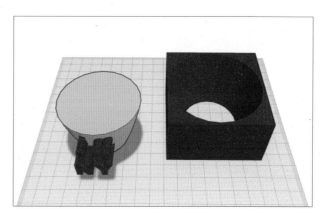

07 구멍이 뚫린 상자 도형을 홀로 만든
다. 이 홀 도형을 이용하여 글씨를
둥글게 자를 것이다.

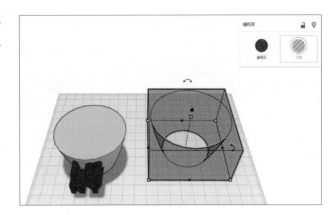

08 구멍 도형을 컵의 위치로 가져가 가
운데 정렬을 만들어 준다.

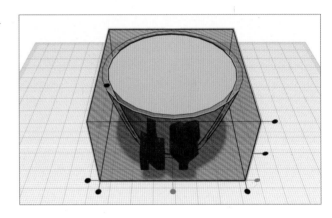

09 글자 도형과 구멍 도형만을 선택하
여 그룹을 만들어 준다. 앞으로 튀어
나와 있던 글자가 둥글게 깎였다.

컵의 안쪽 제거하기

01 이번엔 컵 안쪽을 제거해본다. 포물선 도형을 선택하고 Ctrl+D를 누른다.

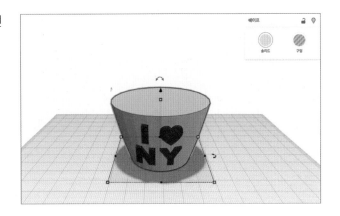

02 복제된 도형을 구멍 도형으로 바꾼다.

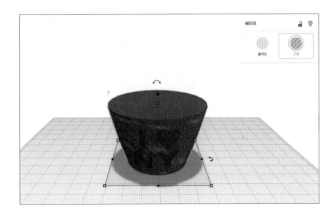

03 Shift+Alt를 누른 상태로 이번에는 크기를 원래의 포물선 도형보다 작게 만든다.

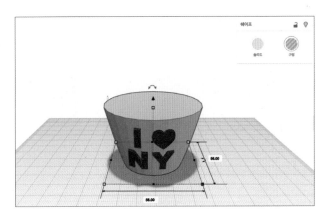

04 안쪽에 들어간 홀 도형을 보기 위하여 겉의 포물선 도형을 선택하고 **"투명"**을 선택한다.

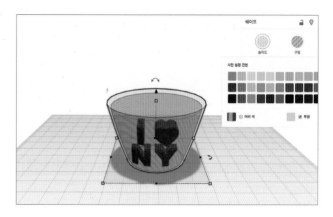

05 포물선 도형과 안에 들어간 구멍 도형을 선택하고 상단 정렬을 한다.

06 구멍 도형이 컵의 일정 두께를 남겨두고 안쪽을 제거해 줄 것이다.

07 그룹은 만들기 전에 토러스 도형을 가져와 컵의 손잡이를 만들어 준다.

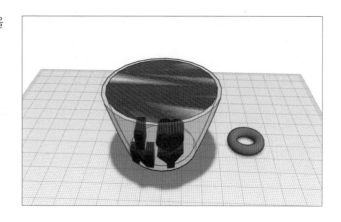

08 토러스의 크기를 조정하고 수직으로 세운다.

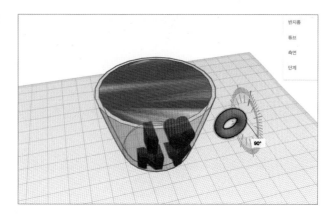

09 손잡이는 만들고 싶은 위치에 자리를 잡는다.

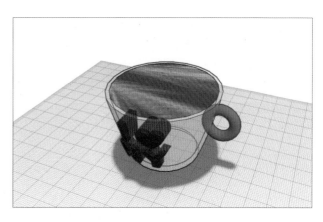

10 전체 도형을 선택하고 그룹을 만든다.

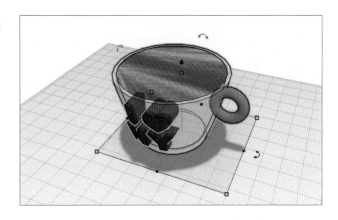

11 그룹이 되면서 컵의 안쪽이 제거되었다. **"투명"**을 해제하고 원하는 색상을 골라준다.

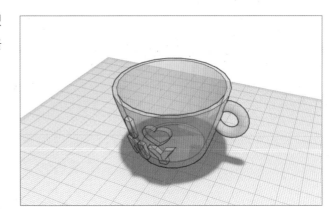

12 컵이 완성되었다.

4. 눈꽃 만들기

🔷 하나의 모양을 만들어 반복해서 눈꽃 패턴을 만들려면 어떻게 하나요?

Ctrl+D의 복제 기능을 활용하여 패턴을 만들어 본다. 눈꽃의 한쪽을 만들어 복제하여 둥글게 패턴을 만들어 본다.

01 기본 쉐이프에서 지붕 도형을 가져온다.

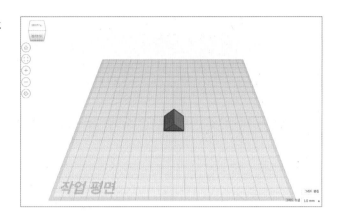

02 지붕 도형을 회전 시켜 옆의 사진과 같이 세워진 삼각기둥 형태로 만든다.

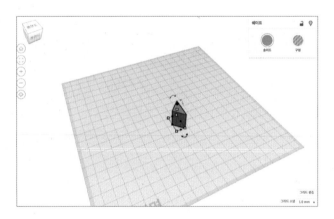

03 지붕 도형을 선택하고 Ctrl + C, Ctrl + V를 누른다. 다른 지붕 도형이 복사되어 옆에 생겼다.

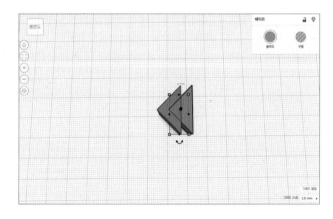

04 오른쪽의 지붕 도형을 구멍 도형으로 만든다. 초록색이 사라지고 반투명한 회색이 된다.

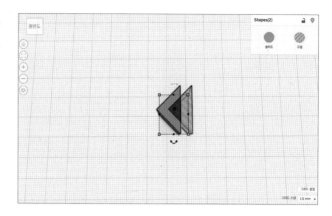

05 두 도형을 선택하여 그룹을 만든다. 구멍 도형과 겹쳐진 부분이 사라지면서 V자 모양의 도형이 만들어졌다.

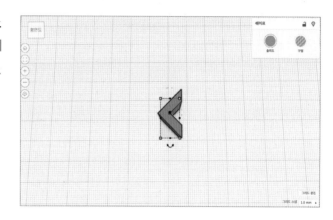

06 V자 도형을 선택하고 Ctrl+C, Ctrl+V를 눌러 복사, 붙여넣기를 한다.

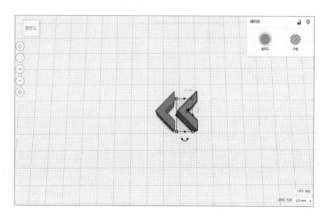

07 상자 도형을 가져온다.

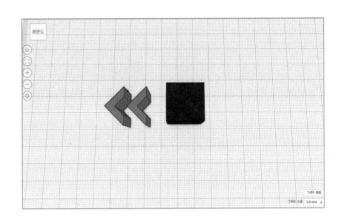

08 상자 도형을 보이는 그림과 같이
45° 회전한다.

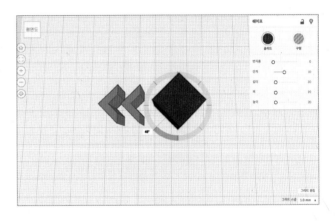

09 상자의 한쪽의 길이를 줄여 다이아
몬드처럼 만든다.

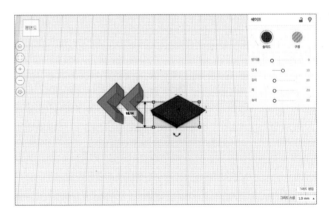

10 다이아몬드 도형을 선택하고 Ctrl +D를 누른다. 같은 크기의 도형이 같은 자리에 생겼다.

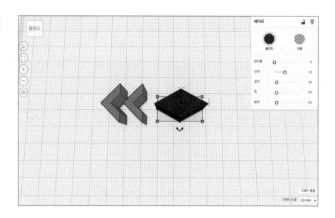

11 도형을 구멍 도형으로 만든다.

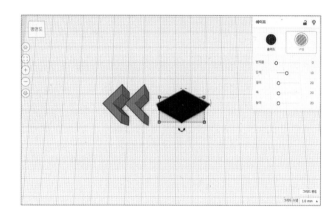

12 구멍 도형으로 만들어진 다이아몬드 도형은 Shift +Alt를 같이 누른 상태에서 크기를 줄인다. 중심의 위치가 고정되면서 같은 비율로 크기가 줄어든다.

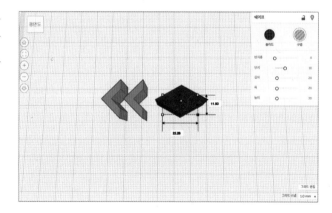

13 줄어든 구멍 도형의 높이를 늘린다. 빨간 도형 밖으로 구멍 도형이 잘 보이게 만든다.

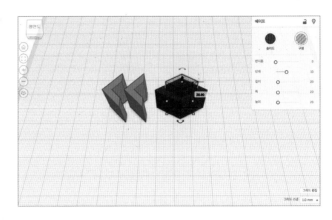

14 새로운 상자 도형을 가져온다.

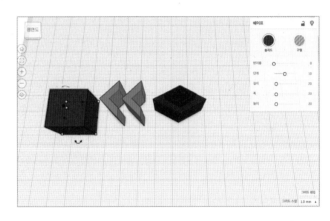

15 상자 도형을 길고 얇은 막대기 모양으로 변경한다.

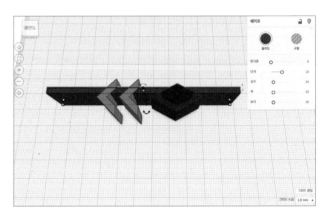

16 V자 도형을 하나 더 복사, 붙여넣기를 하였다.

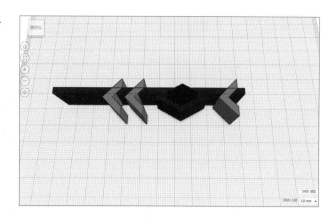

17 모든 도형을 선택하여 긴 막대기의 중심으로 가운데 정렬을 한다.

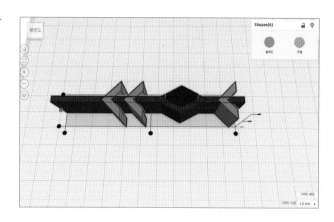

18 정렬이 완료되면 그룹을 눌러 하나의 도형으로 만든다. 다이아몬드의 가운데가 제거되었다.

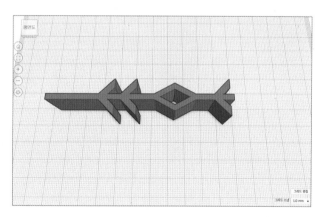

19 도형의 높이를 낮게 조정하였다.

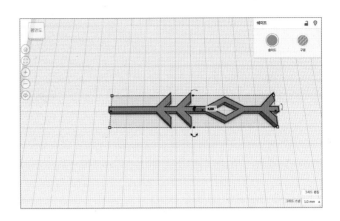

20 도형을 선택하여 Ctrl+C, Ctrl+V 를 눌러 복사, 붙여넣기를 하였다.

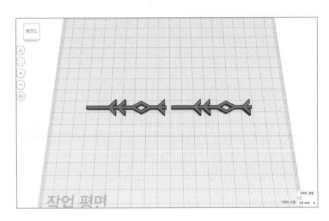

21 왼쪽의 도형을 선택하고 **"반전(Flip)"** 을 실행한다. 좌우 대칭으로 뒤집어진 도형이 만들어졌다.

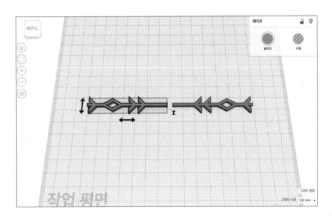

22 두 도형을 일렬로 붙이고 그룹을 만 들어 하나의 도형으로 만든다.

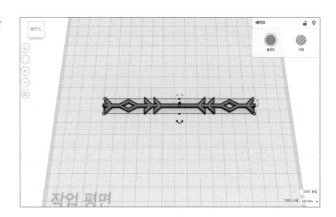

23 하나의 그룹이 된 도형을 선택하고 Ctrl+D를 누른다. 같은 도형이 같 은 자리에 복제되었다.

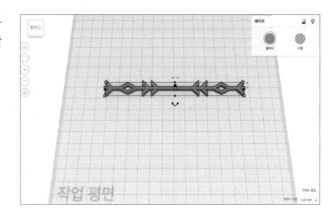

24 도형을 22.5° 회전한다. 다른 기능은 클릭하지 않는다.

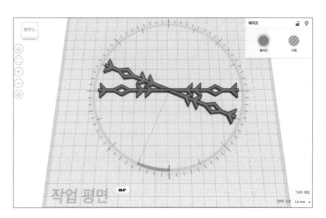

25 연속적으로 Ctrl+D를 누른다. 복제된 도형과 회전한 명령이 함께 반복적으로 실행된다.

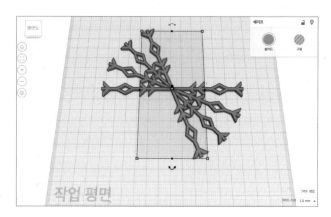

26 한 바퀴를 모두 돌면 Ctrl+D를 멈춘다. 만약 패턴이 반복적으로 일어나지 않는다면 중간에 다른 명령이나 도형들이 클릭되어 기억된 복제가 없어진 것이다. 다시 처음의 도형부터 Ctrl+D를 실행한다.

27 전체를 선택하여 하나의 그룹으로 만든다. 눈꽃 모양이 완성되었다. 눈꽃의 한 꽃잎을 어떤 모양으로 만들어 복제하는가에 따라서 다양한 모양의 눈꽃을 만들 수 있다.

다이아몬드 모양의 반복적인 구멍 패턴을 만들려면 어떻게 하나요?

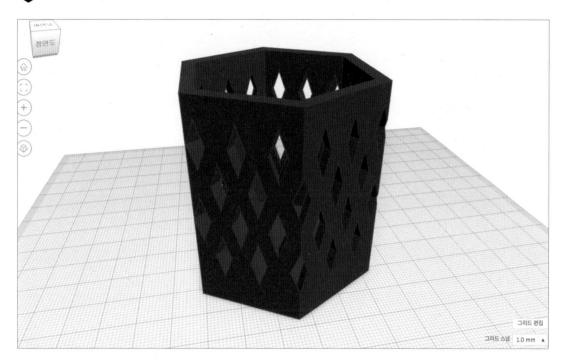

다이아몬드 패턴으로 구멍이 뚫린 연필꽃이를 만들어 본다. 도형의 일정 두께만 남기는 모델링과 Ctrl + D 를 활용한 패턴 모델링을 이용해본다.

01 폴리곤 도형을 가져와 원하는 크기로 도형을 만든다. Shift 를 누르고 크기를 변경하면 일정 비율을 유지하면서 변경된다.

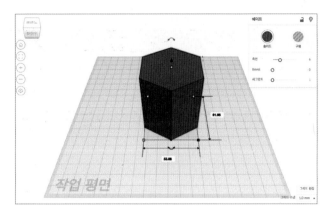

02 Ctrl + D 를 눌러 같은 자리에 같은 도형을 복사한다.

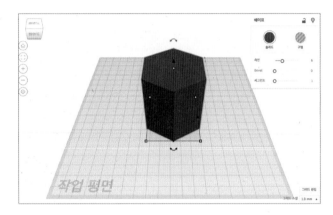

03 복사된 도형을 Shift + Alt 를 같이 누른 채로 크기를 줄인다. 가운데의 위치가 고정된 채로 크기가 작아진다.

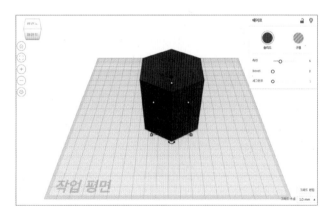

04 작아진 도형은 구멍 도형으로 만든다.

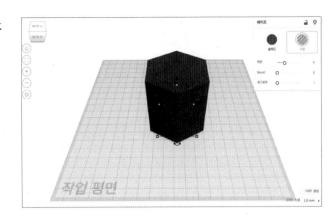

05 바깥의 폴리곤 도형을 **"투명"**으로 설정한다. 안에 들어가 있는 구멍 도형이 보인다.

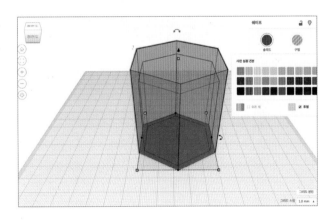

06 두 도형을 선택해 **"정렬(Align)"**을 실행한다. 모든 축에서 가운데 정렬을 한다.

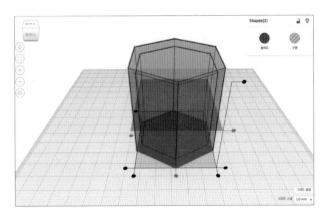

07 안쪽 구멍 도형만 선택한다. 투명도형 안에 들어가 있는 안쪽 도형을 선택하는 방법은 62p를 참고한다.

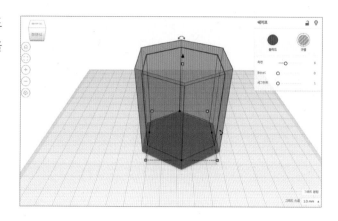

08 구멍 도형의 높이를 늘린다. 바깥의 폴리곤 보다 높게 튀어 나왔다.

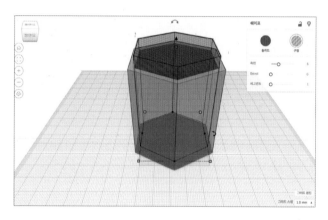

09 두 도형을 모두 선택하고 그룹을 만든다. 안쪽이 사라지면서 외벽과 아래 바닥이 같은 두께로 남았다.

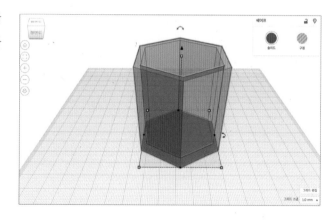

10 연필꽂이의 몸통이다. 투명을 해제하
고 원하는 색상을 선택한다.

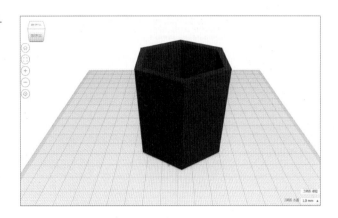

11 상자 도형을 가져온다.

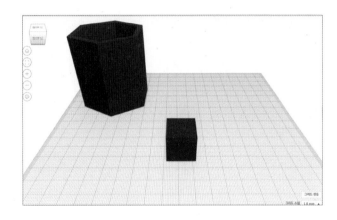

12 상자 도형을 45° 회전시킨다.

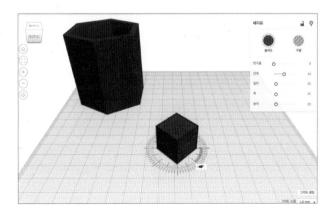

13 상자 도형의 한쪽 변을 줄여 다이아몬드 도형으로 만든다.

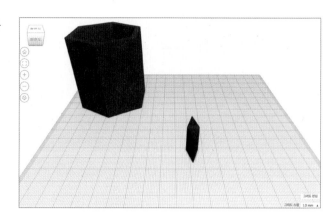

14 다이아몬드 도형이 정면을 바라보게 회전한다.

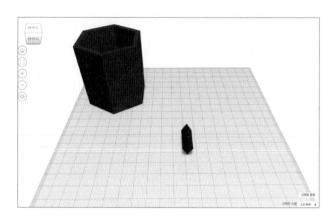

15 길이를 길게 만든다. 다이아몬드 도형의 길이는 옆에 만들어 놓은 연필꽂이 몸통을 통과할 만큼 길어야 한다.

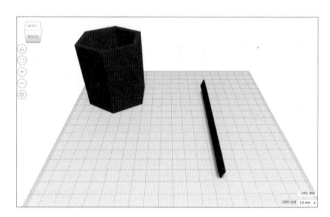

16 다이아몬드 도형을 구멍 도형으로 만든다. Ctrl+D를 눌러 같은 자리에 같은 구멍 도형을 복제한다.

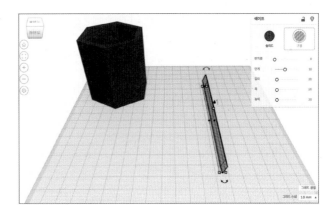

17 복제된 도형을 22.5° 회전한다.

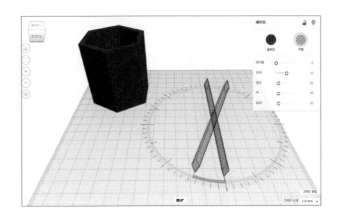

18 Ctrl+D를 반복적으로 눌러 일정한 간격으로 다이아몬드 구멍 도형이 회전하게 만든다.

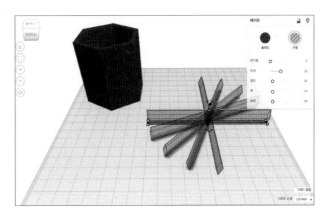

19 360°를 모두 회전하였으며 [Ctrl]+[D]
를 누르는 것을 멈춘다. 만들어진 다
이아몬드 구멍 도형들을 선택하여 하
나의 그룹으로 만든다.

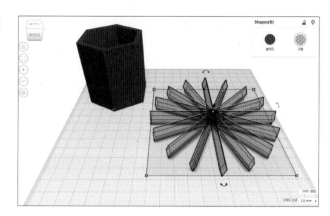

20 앞서 만든 연필꽂이의 몸통과 다이
아몬드 구멍 도형의 위치를 정렬한
다. 다이아몬드 도형은 높이를 위로
올려 연필꽂이 바닥 면에 구멍이 생
기지 않게 한다.

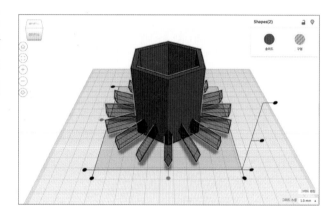

21 위치를 잡았다면 다이아몬드 도형을
선택하고 [Ctrl]+[D]를 누른다. 같은 위
치에 같은 도형이 복제되었다.

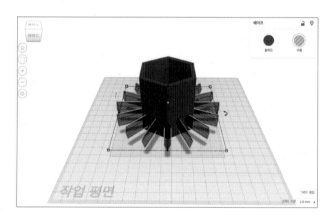

22 복제된 도형 상단의 검은색 삼각형을
이용하여 높이를 위로 움직인다.

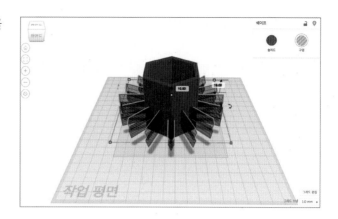

23 벽에 생기는 구멍 도형의 모양을 보
면서 10~15° 사이로 회전해준다.

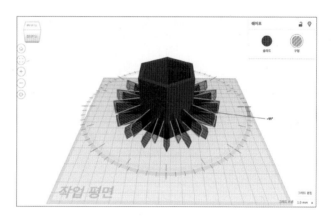

24 Ctrl+D를 반복적으로 눌러준다. 위
로 이동, 회전이 함께 반복적으로 실
행된 다이아몬드 구멍 도형이 생긴다.
복제 명령을 실행할 때는 다른 명령
이나 도형을 클릭하지 않게 주의한다.

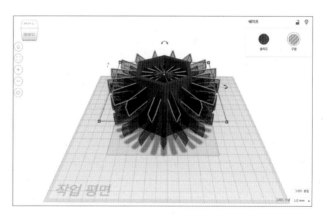

25 연필꽂이의 높이만큼 다이아몬드 구
멍이 복제되었다. 전체를 선택하고 하
나의 그룹으로 만든다.

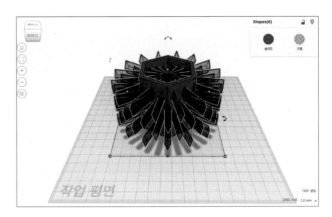

26 다이아몬드 패턴으로 벽에 구멍이 뚫
린 연필꽂이가 완성되었다.

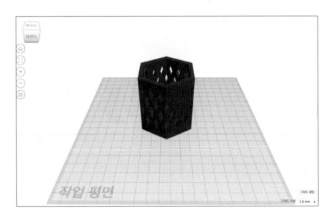

6 손그림을 활용한 도장 만들기

손그림을 모델링으로 만들려면 어떻게 하나요?

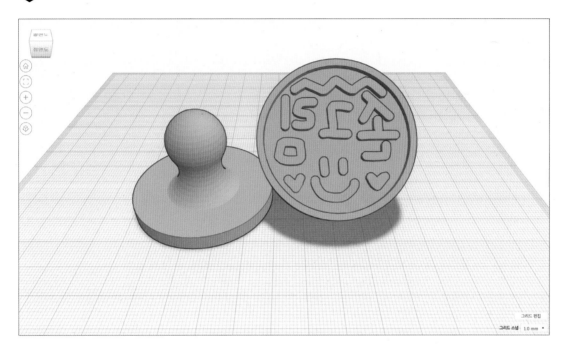

손그림(Scribble)을 활용하여 자기만의 특별한 도장을 만들어 본다.

🎲 손글씨 데이터 만들기

01 손그림(Scribble)을 작업 평면으로 가
져온다.

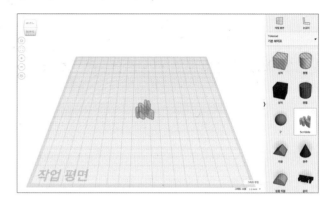

02 원하는 글자 또는 그림을 자유롭게
그린다. 다 그리면 왼쪽 하단의 **"종
료(Done)"**를 클릭한다.

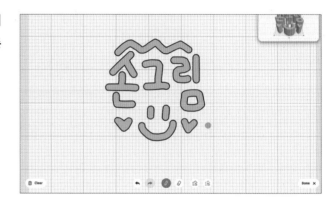

03 도장을 만들고 싶은 크기로 조정한
다. 높이는 4mm로 한다.

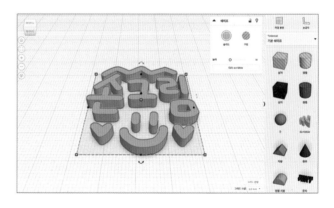

04 도장의 바깥쪽 라인을 만들어 주기
위해 50mm의 원통과 46mm의 반
투명 구멍 원통을 만든다.

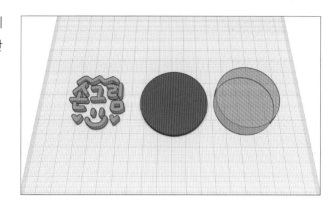

05 두 원통을 가운데 정렬한다. 그룹을
만들어 링 모양을 만든다.

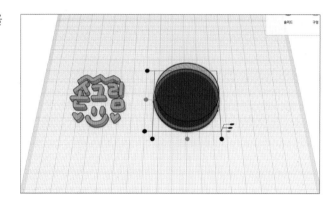

06 원의 링 크기를 조절한다. 앞서 만들
었던 손그림과 가운데 정렬을 한다.
링의 높이는 2mm로 한다.

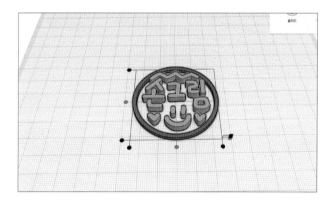

🎲 도장 모델링

01 튜브 도형을 가져와 글씨의 모델링과
같은 높이로 그림과 같이 크기를 조
정한다.

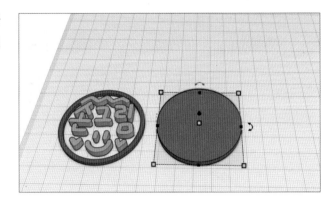

02 튜브 위에 튜브와 같은 크기로 납
작한 원통을 올린다. 원통의 두께는
2mm 이상으로 설정한다.

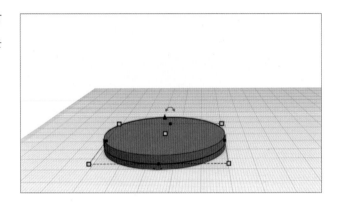

03 도형 메뉴의 **"기본 쉐이프"**를 **"모두"**
로 변경한다. 오른쪽에 기본 도형 이
외의 다양한 도형들이 보인다.

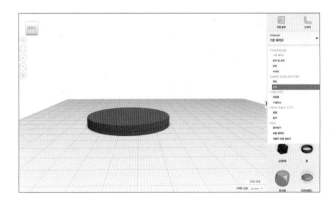

04 스크롤바를 내려 7페이지 있는 **"폴러"** 도형을 가져온다. 도장의 손잡이 부분으로 사용될 도형이다.

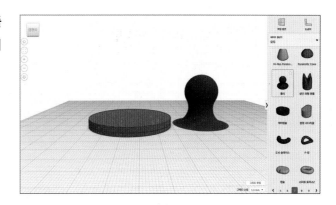

05 앞서 만들어둔 도형 위에 **"폴러"** 도형을 놓는다.

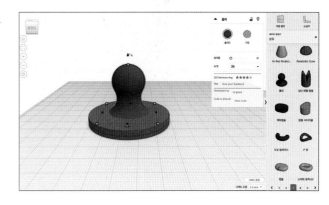

06 그다음 정렬을 실행하여 가운데 정렬을 한다. 전제를 선택하여 하나의 그룹으로 만든다. 손글씨 도장이 완성되었다.

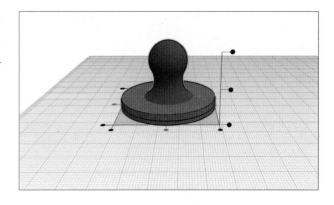

에펠탑 만들기

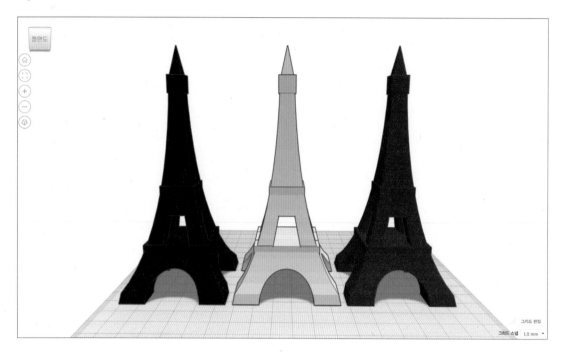 기본 도형만을 사용해서 에펠탑을 만들려면 어떻게 하나요?

구멍 도형으로 옆면을 깎아 에펠탑 형태를 잡아보고, 임시 평면을 이용하여 에펠탑의 2층을 제작해본다.

⬡ 에펠탑 밑부분 만들기

01 **"피라미드"** 도형을 가져온다. 도형 길이를 늘여서 그림과 같이 더 뾰족한 피라미드 모양을 만든다.

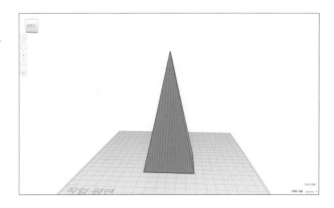

02 반투명한 구멍 원통 도형을 가져온다. 원통의 크기와 위치를 변형 시켜 피라미드의 한쪽 면이 둥글게 깎일 수 있게 위치를 잡는다.

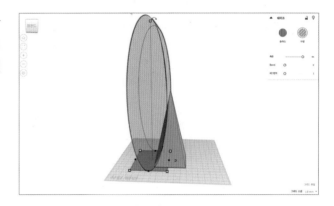

03 구멍 원통을 복사, 붙여넣기하여 반대쪽에도 둥글게 깎일 수 있게 위치를 잡는다.

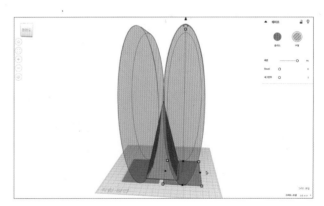

04 2개의 구멍 원통 도형을 하나의 그룹으로 먼저 만든다. 그 피라미드 도형과 함께 선택하여 가운데 정렬을 맞춘다.

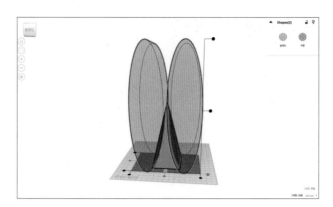

05 구멍 도형을 Ctrl+D를 눌러 복제한다. 그다음 90° 회전시켜준다. 피라미드의 4개의 면을 깎을 준비가 되었다.

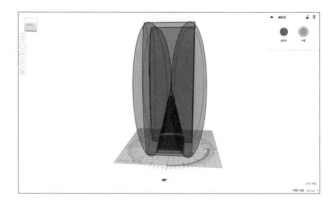

06 전체를 선택하여 그룹을 만든다. 직선의 피라미드의 옆면이 둥글게 만들어졌다.

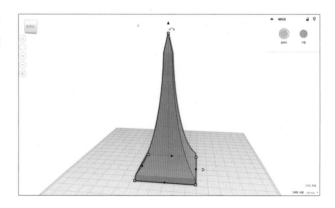

07 **"원형 지붕"** 도형을 가져온다. **"구멍"** 을 눌러 반투명한 도형으로 만든다. 에펠탑 아래 둥근 부분을 깎기 위해 크기와 위치를 잡는다.

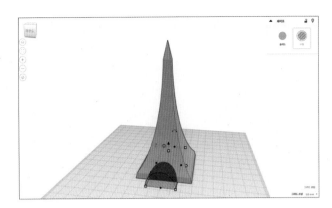

08 구멍의 원형 지붕을 Ctrl+D를 눌러 복제한다. 그다음 90° 회전시켜 준다.

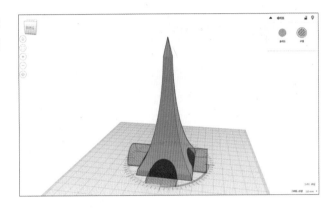

09 전체 도형을 선택하여 가운데 정렬을 한다.

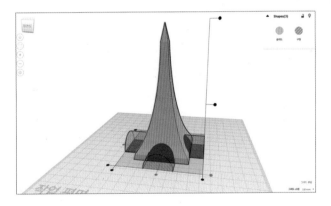

10 전체를 선택하여 그룹을 만든다. 에
  펠탑의 밑부분이 완성되었다.

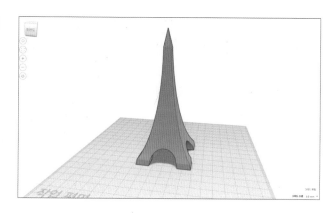

에펠탑 2층 만들기

01 상자 도형을 가져와 크기를 조절한
  다. 높이를 위로 올려 에펠탑의 2층
  을 만든다.

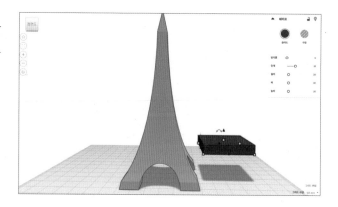

02 상자 도형과 노란색 피라미드 도형
  을 가운데 정렬한다.

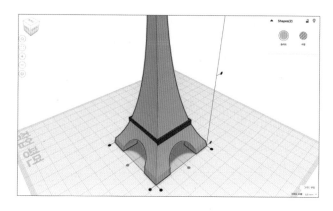

O3 **"작업 평면"** 기능을 실행시킨다. 상
자 도형의 윗면을 클릭한다.

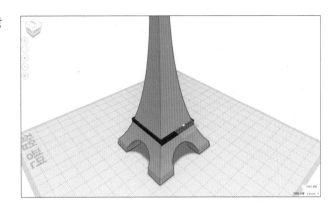

O4 2층을 제작하기 위한 주황색의 임시
평면이 생겼다.

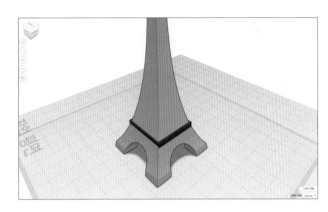

O5 임시 평면에 지붕 도형을 가져온다.
지붕 도형의 윗부분을 구멍 상자 도
형을 사용하여 잘라낸다.

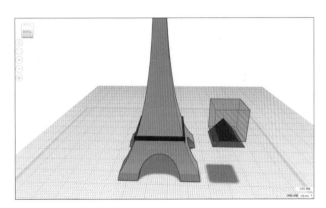

06 그룹을 만들어 윗부분이 잘린 지붕
도형을 만들었다.

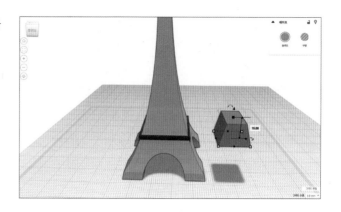

07 크기와 위치를 조정하여 에펠탑의
2층 구멍을 들려고 한다. 쉐이프에
서 **"구멍"**을 선택한다.

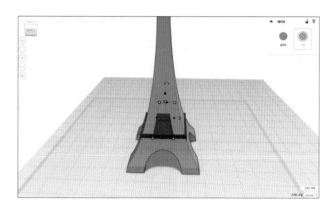

08 자리를 잡은 다음 Ctrl+D를 눌러
복제한다. 그다음 90° 회전시켜준다.

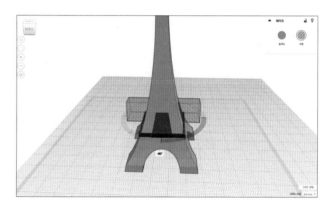

09 다시 **"작업 평면"**의 기능을 실행한다. 기본 바닥을 클릭한다.

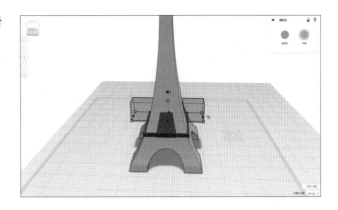

10 주황색의 임시 작업 평면이 사라지고 하늘색의 기본 작업 평면으로 돌아왔다.

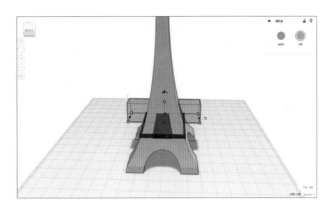

11 모든 도형을 선택하여 가운데를 정렬한다.

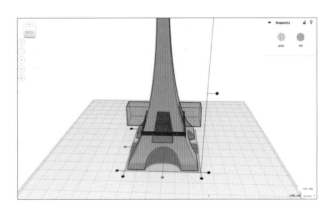

12 정렬 후 그룹을 만든다. 에펠탑의 1층
과 2층이 완성되었다.

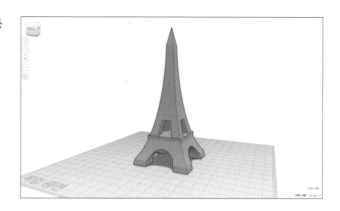

🎯 에펠탑 중간과 꼭대기층 만들기

01 상자 도형을 가져와 크기와 위치를
조정한다. 에펠탑의 중간과 가장 윗
부분을 만들 도형이다.

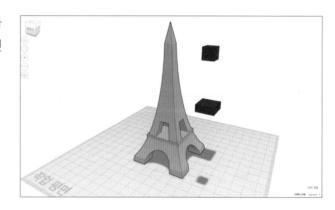

02 모든 도형을 선택하여 가운데를 정
렬한다.

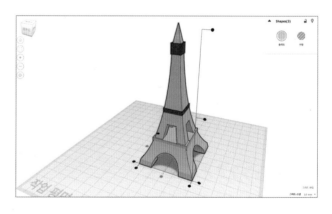

03 모든 도형을 선택하여 그룹을 만든다. 에펠탑이 완성되었다.

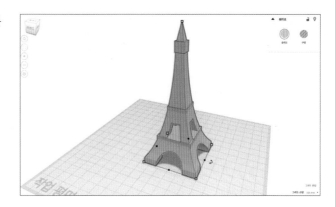

04 에펠탑을 복사, 붙여넣기하여 3개를 만들었다. 프랑스의 상징답게 프랑스의 국기에 나타나는 3색으로 색을 바꿔본다.

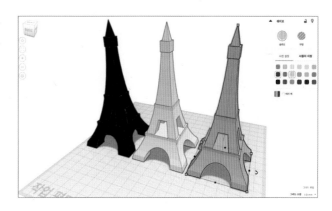

05 틴커캐드로 만든 에펠탑을 프랑스 국기색으로 꾸며보았다.

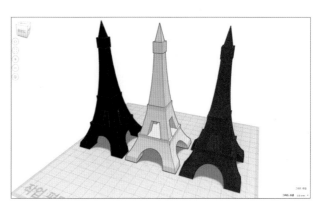

8 틴커캐드로 무엇을 더 만들 수 있나요?

틴커캐드는 기본적으로 정해진 도형에서 더하고 빼고를 반복하며 원하는 형상을 모델링으로 만든다. 어쩌면 단순해 보일 수 있는 작업이지만, 조금만 응용을 한다면 만들 수 있는 모형은 셀수 없이 많다. 직관적이어서 초보자가 배우기 쉬운 프로그램이라고 해서 초보자만 사용할 이유는 없다. 틴커캐드는 다은쌤의 강력한 무기로써 다양하게 만든 작품들을 살펴본다.

집 시리즈

틴커캐드로 만든 집 시리즈이다. 특히 집 시리즈는 난이도를 두었다. 단계가 올라갈수록 사용하는 기능이 많아지고 복잡해진다.

여러분이 살고 싶은 집은 어떻게 생겼나요? 여러분의 집을 만들어 주세요.

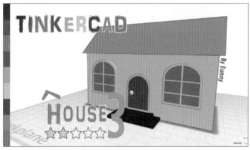
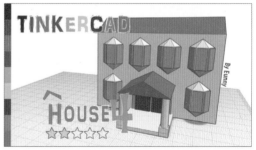

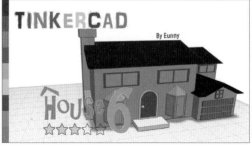

🎲 스타워즈 시리즈

스타워즈 영화에 나오는 캐릭터, 우주선 등을 틴커캐드로 만들어 보았다.

우주여행을 갈 수 있다면 여러분은 어떻게 생긴 우주선을 타고 싶나요?

🎲 자동차 시리즈

트럭, F1 경주용차, 학교 버스, 오픈카를 틴커캐드로 만들어 보았다.

여러분이 타고 싶은 자동차는 어떻게 생겼나요? 여러분의 자동차를 만들어 주세요.

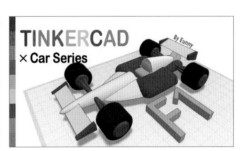

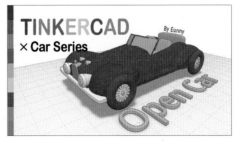

9 틴커캐드와 3D 프린팅

틴커캐드는 3D 모델링을 만들기 위한 프로그램이다. 틴커캐드에서 만든 모델링을 3D 프린터에서 출력한다고 했을 때 주의할 점을 알아본다. 특히 3D 프린터는 FDM 방식으로 설명한다.

바닥은 평평한가?

저가형 FDM 3D 프린터를 사용하여 좋은 출력물을 얻기 위해서는 베드에 잘 붙어 있을 넓고 평평한 바닥 면이 꼭 있어야 한다. 미세하게 도형의 바닥 면이 기울어져 있지는 않은지 파일을 내려받기 전에 확인한다. 뒤늦게 기울어진 바닥 면을 발견했다면, 구멍 도형을 이용해서 밑부분을 평평하게 깎아주는 것은 어떨까?

도형들이 충분히 붙어 있는가?

도형 위에 다른 도형을 올릴 때 높이를 딱 맞추기보다는 도형을 확실하게 겹쳐 놓는 모델링이 3D 프린팅을 위해서 좋다. 높이가 정확히 맞지 않은 모델링은 실제로 3D 프린터로 출력하였을 때 붙지 않고 떨어져 나오거나 쉽게 부서질 수 있기 때문이다.

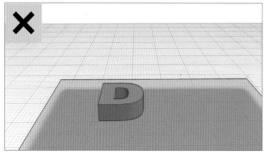
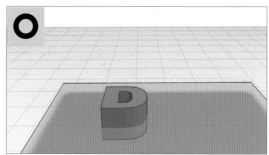

🔷 넓고 평평한 바닥 면이 있는가?

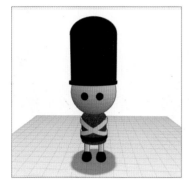 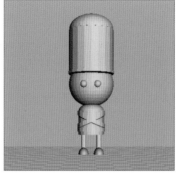 

틴커캐드로 병정 모양의 모델링은 잘 만들었다. 모양 그대로 3D 프린팅을 시도했는데, 발 부분은 잘 나오나 싶더니 위에는 예쁜 쓰레기가 나왔다.

중력이 있는 지구에서 사용하는 저가형 FDM 3D 프린터는 모든 모양을 완벽하게 출력할 수 없다. 공중에 떠 있는 모양이나 베드에 붙는 면적이 작은 모델링은 특히나 출력하기 어렵다(병정을 출력하는 방법은 '메이커 다은쌤의 FDM 3D 프린팅'에 자세히 나온다.).

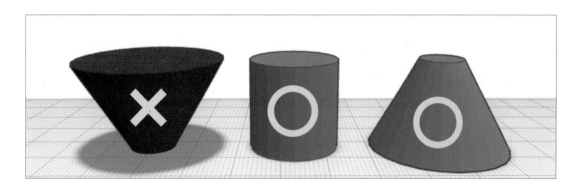

FDM 3D 프린터에서 잘 나오는 모양을 만들기 위해서는 베드에 잘 붙을 수 있는 넓고 평평한 바닥 면적이 있어야 한다. 형상이 위로 갈수록 크고 무거워진다면 출력에 실패할 확률이 매우 높다.

⬡ YHT 룰을 알고 있는가?

또한, FDM 3D 프린터를 위한 모델링을 할 때 YHT 룰을 떠올리면 좋다.

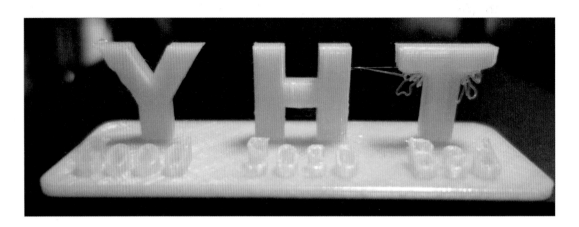

Y자의 양팔은 모양이 완만하게 위로 올라간다. 45° 이상의 높은 각도의 팔은 FDM 3D 프린터에서 층층층 쌓아 올라가면서 모양을 만들 수 있다. 각도가 너무 낮거나 팔의 길이가 길어지면 모양이 무너져 흘러내릴 수 있다.

H자의 양쪽 기둥을 이어준 가운데를 "브리지"라고 부른다. H의 양쪽 기둥의 거리가 가까울수록 가운데를 이어주는 브리지 모양이 잘 만들어진다. 기둥의 거리가 멀면 공중에 뜬 브리지 모양이 아래로 흘러내릴 수 있다. 또한, 재료 온도가 너무 높아도 브리지의 처짐 현상이 심해질 수 있다.

수직의 각도로 공중에 뻗고 있는 T자의 양팔은 재료가 제대로 붙지 못하고 아래로 흘러내리면서 지저분한 모양을 만든다. 팔이 길고 커질수록 공중에 떠 있는 모양은 3D 프린팅할 때 모양이 더 지저분해진다.

Y, H, T 모양들이 각각 어떻게 출력되는지 영상을 통해 눈으로 확인해본다.

https://youtu.be/CrFluvDXpaM

틴커캐드로 모델링을 잘한다고 해서 물리적인 3D 프린팅이 무조건 잘 나오는 것이 아니다. 좋은 품질의 FDM 3D 프린터 출력물을 얻기 위해서는 프린터 기계, 사용하는 재료, 모델링, 슬라이싱 프로그램을 고루고루 알고 있어야 한다.

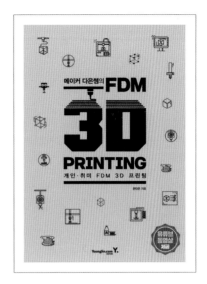

다은쌤은 3D 모델링과 프린팅을 좋아하는 사람이다. 지금도 매번 새로운 모델을 만들고 출력을 시도하고 있다. 손에 익숙한 것 같지만 다은쌤 역시도 실패하곤 한다.

FDM 3D 프린팅을 시작하고 싶다면 '메이커 다은쌤의 FDM 3D 프린팅' 책을 추천한다. 가장 기본적인 이야기가 담겨 있다.

또한, 책 마지막에는 다은쌤이 경험한 출력물의 실패 사례를 모아놓았다. 가장 공들인 내용이고 프린터를 사용하는 사람들에게 꼭 필요한 내용이다.

그밖에 3D 모델링과 프린팅에 관한 다양한 이야기가 궁금하다면 메이커 다은쌤의 유튜브를 방문해보자. 궁금한 점이 있다면 유튜브에 댓글을 달면 2~3일 내로 다은쌤이 답글을 달아줄 것이다.

https://goo.gl/9RMyEE

: 메이커 다은쌤의 :

TINKERCAD
시작하기 × 더 알아보기 × 응용하기
2ND EDITION

1판 1쇄 발행 2019년 9월 30일
1판 3쇄 발행 2021년 6월 2일

저   자 | 전다은
발 행 인 | 김길수
발 행 처 | (주)영진닷컴
주   소 | (우)08507 서울특별시 금천구 가산디지털1로 128
               STX-V 타워 4층 401호
등   록 | 2007. 4. 27. 제16-4189

ISBN | 978-89-314-6134-3

YoungJin.com **Y.**
영진닷컴